趣味读历史

◎李怡心 著

河北出版传媒集团
河北人民出版社

图书在版编目（C I P）数据

趣味读历史 / 李怡心著. — 石家庄：河北人民出版社，2012.10

ISBN 978-7-202-06929-5

Ⅰ. ①趣… Ⅱ. ①李… Ⅲ. ①中国历史—青年读物②中国历史—少年读物 Ⅳ. ①K209

中国版本图书馆CIP数据核字（2012）第235115号

书　　名　趣味读历史

著　　者　李怡心

责任编辑　王　铁　付　聪

美术编辑　李　欣

封面设计　张　智/动漫画屋

责任校对　余尚敏

出版发行　河北出版传媒集团公司　河北人民出版社

（石家庄市友谊北大街330号）

印　　刷　河北新华第一印刷有限责任公司

开　　本　850毫米×1168毫米　1/32

印　　张　5.375

版　　次　2012年10月第1版　　2012年10月第1次印刷

书　　号　ISBN 978-7-202-06929-5/G·2779

定　　价　10.00元

序

中国历史多是由成年而有阅历的人写的。正因如此，也就多了些严肃和沉重。我曾疑问，成年人这样写历史，女孩儿如何写历史呢？尤其是现代女孩儿，她们站在什么样的角度评说历史呢？她们对历史的感受是怎样的呢？她们将带给我们怎样的阅读期待呢？

读完《趣味读史小故事》这个小册子，读完一个17岁女孩儿用独特的视角和笔触写就的历史随笔，我的这个疑问有了答案。

——当人们对高祖刘邦那些所谓“治国智慧”津津乐道，佩服得五体投地时，她却说：“这哪里是什么智慧，分明是泼皮无赖的行为啊！”

——当人们异口同声地认为“霸王别姬”的项羽是重

情重义的大丈夫时，她却凭一个女孩儿的直觉问道：假如项羽没有死，假如项羽得胜为王，他还会深爱虞姬吗？他还会是那个侠骨柔情的悲剧英雄吗？他难道不会也和别的帝王一样，处处留情时时洒爱吗？

——当人们都在感慨汉武大帝的文韬武略时，她却从故纸堆中读出：小小年纪做皇帝多没意思啊！她看到了“少年刘彻成长之烦恼”。

——当人们认为能得皇帝宠信一定是凭一流美貌和高超心计时，她却说：“天然去雕饰的相貌和性格更能产生意想不到的效果”，卫子夫邂逅汉武帝的经历就是明证。

这个小册子，讲的就是这样一些充满童心童趣的历史认识。书写惊心动魄的历史故事，却从另一个角度唤起我们的审美想象，非常难得。用人性的视角解读历史，不故作深沉，不人云亦云，率性而为，用心说话，构成了这个小册子的主色调。历史话语转化为文学话语，将复杂的历史简单化、主观化，其实质是通过客体挖掘，从而达到有序的、有意味的简单化，形式和内容均有新意。这也是我喜欢读这部作品的原因。文学是青春的事业，需要李怡心这样的小作家脱颖而出。

祝愿她今后写出更好的作品。

关仁山

2012年4月12日

目录

读史回放

吕不韦取邯郸诸姬绝好善舞者与居，知有身。子楚从不韦饮，见而说之，因起为寿，请之。吕不韦怒，念业已破家为子楚，欲以钓奇，乃遂献其姬。姬自匿有身，至大期时，生子政。子楚遂立姬为夫人。

——司马迁《史记·吕不韦列传》

最具眼光的投资商——吕不韦

人人都知道这世界上有三百六十行，可有谁知道这三百六十行中哪一行冒的风险最大，拿的工资最少，最不受人待见吗?

就是做人质这一行。凡从事此职业者，百分之九十九都不是自愿的。因为这一行不但没钱赚，还要被没日没夜地监视，有时还要承担被“撕票”的危险。

春秋时期，有一个叫嬴异人的人，也是个人质，只不过他的来头有些不一般：他是秦昭襄王的儿子的二十多个儿子中的一个。听着有些绕，说白了，他就是秦昭襄王的孙子，秦国太子的儿子。只不过嬴异人不受宠，被送到赵国来做人质了。俗话说得好，屋漏偏逢连阴雨，秦国这几年玩命地攻打赵国，所以嬴异人在赵国不但不受待见，还偶尔受些小虐待。

嬴异人每日小心翼翼、如履薄冰，过着清苦的日子。每日能干的事儿八成就是向上天祷告：希望他那个远在秦国的爷爷能想起他来，别再攻打赵国，或多发点零花钱给他。

就这样过了十几年，突然有一天，他的生活被一个人的到来打破了。这个人，就是吕不韦。

吕不韦当时是一个商人，干的是倒卖货物的生意，以低价买入，再以高价卖出，从中间赚个差价，有点儿像我们今天的炒股。吕不韦就靠“炒股”发家，并成了一名成功富豪。——或许在今天还能封吕不韦个称号，例如股神、股仙、股圣……但就是这位“股神”，却认定嬴异人这只已经跌破市场发行价的股票是一只难得的“潜力股”，并不惜砸下重金买入它。随后的日子里，嬴异人的日子就滋润多了，因为吕不韦给了他一大笔金子让他享受，供他吃喝玩乐，而且吕不韦也不闲着，还拿金子跑到秦国去，帮嬴异人上下打点，疏通关系。

有钱能使鬼推磨。吕不韦竟然买通了华阳夫人（秦国太子最喜爱的老婆，只是一直没有儿子），让华阳夫人相信嬴异人是一个真心爱她的好儿子。为此，嬴异人也做出了多方面的努力，例如改名叫子楚（因为华阳夫人是楚国人，“子楚”的意思是楚国人的儿子）等等。人家都做到这份上了，啥也别说了，眼泪哗哗的。华阳夫人激动地说道：“子楚就是我的儿子，子楚就是我的儿子。”

于是，在侍奉太子的时候，华阳夫人就给太子吹起了枕

投资有风险
入市须谨慎

边风。太子也就答应，立嬴异人当嫡嗣。

听说，邯郸出美女。吕不韦就娶了个邯郸的美女。美女中的美女，自然是美得不可方物了。要是平常人的话，一定找个小楼把美女放进去，而且还要提心吊胆地防着别的男人对自己老婆图谋不轨。而吕不韦却不一样，要不然怎么说人家吕不韦不是一般人儿呢。

一次，嬴异人在吕不韦家喝酒，看上了吕不韦的老婆，就厚着脸皮朝人家吕不韦要。吕不韦一开始板起脸说："朋友妻，不可戏"，但后来还是心甘情愿地把自己的老婆送给了嬴异人。

很多人可能觉得吕不韦够意思，讲义气，交朋友就应该交吕不韦这样的，有钱大家使，有老婆大家一起分享。但大家不要忘了，吕不韦是干什么的？他是做买卖的。如果你觉得这就够义气的话，他还有更义气的事儿等着你呢。因为，这场买卖是买一赠一的。

说白了，就是买一个老婆，赠她肚子里一个孩子。也就是说，这时候，那个美女的肚子里已经有了吕不韦的孩子。到了产期，这个美女生下一个儿子，叫嬴政，也就是日后赫赫有名的秦始皇。

这时候，我们不禁要佩服吕不韦先生的投资眼光了：失去一个美丽的老婆，换来自己的儿子当国王。

多么划算的交易啊！

过了十三年，吕不韦朝思暮想的那一天终于到来了：嬴异人死了，嬴政继位。

看着自己的儿子坐在宝座上，吕不韦一定心潮澎湃吧。

那一年，嬴政十三岁。一个十三岁的孩子能做什么呢？只好让吕不韦独揽大权，站在朝堂之上发号施令。

可是，受人摆布的嬴政决不是我们印象中的秦始皇。很快，嬴政就展现了他心狠手辣的一面。七年之后，嬴政二十岁，行加冕礼，开始佩带宝剑。他宝剑的剑锋第一个指向的，竟然就是吕不韦。

有人向嬴政告发，说太后（嬴政的老妈）与一个太监有不干不净的关系。嬴政不信啊，一个太监能与太后有什么关系？下令一查，这个太监不但是个假太监，而且还和太后生了两个儿子！而引见这个太监和太后认识的，不是别人，正是吕不韦。嬴政大怒，把太后的这个情夫和两个同母异父的弟弟宰了，甚至一度还想把太后发配了。嬴政念吕不韦扶助先王（嬴异人）有功，暂时没有要他的老命。

第二年，吕不韦便被罢了宰相之位。吕不韦虽然被罢了职，但威名还在，拜访他的人在官道上来往，络绎不绝。嬴政知道后，心里便有了数。

第三年，嬴政提笔给吕不韦写了封信，信中质问吕不韦：你对秦国有什么贡献，封了你十万户？你跟秦国是什么关系，还号称仲父？现在，要把你放逐到蜀国。

吕不韦知道，他死期将至。

第四年，吕不韦服毒自杀。

也许，等秦王嬴政老了，会偶尔回想起，小时候吕不韦曾把自己放在肩头上，玩骑大马的游戏。然而，情感是情感，政治是政治，在这场政治恩怨中，最具眼光的投资商吕不韦赚了个盆钵皆满，也赔得血本无归。

吕不韦的故事，给了今人一个忠告：投资有风险，入市需谨慎。

趣读秘笈

人性是相通的。从“人”的角度看古人，历史人物就会“鲜活”起来，读史也会轻松得多，好玩得多。

吕不韦“奇货可居”的人生故事，和一些现代版的富豪成败史有诸多相似之处——多是充满传奇，多是要钱不要命。只不过，现代富豪玩的是“物”，而吕不韦玩的是“人”，所以吕不韦的作为，更富传奇色彩。

读史回放

高祖，沛丰邑中阳里人，姓刘氏，字季。父曰太公，母曰刘媪。其先刘媪尝息大泽之陂，梦与神遇。是时雷电晦冥，太公往视，则见蛟龙于其上。已而有身，遂产高祖。

——司马迁《史记·高祖本纪》

刘邦的那些不能说的秘密

作为汉家王朝的开国君主刘邦，一直是历代皇帝们争相学习的榜样。赞美刘邦先生的词语更是不计其数，什么知人善任啦，仁政爱民啦，胸怀豁达啦……把刘邦先生描绘得像个神。可刘邦先生虽然像个神，但终究不是神。我们就来看看刘邦干的那些鲜为人知的混事儿，以及那些不能说的秘密吧。

身份之一——真假美猴王

据说刘邦高鼻梁，脸有龙相，胡须很美，左腿上有七十二颗黑痣。但这仅仅是传说而已，虽然在《史记》中有记载，但司马迁先生八成也是听说来的，毕竟司马迁没有见过刘邦，更没有看过刘邦的大腿，没有认真地数过是不是真

厚脸皮刘邦

的有七十二颗黑痣。我的意思不是说刘邦腿上就一定没有七十二颗黑痣，而是说万一他的腿上有七十一颗黑痣，谁又能说得准啊！

小说描写中说一个人长得好看、英俊，一般都是夸他，或侧面衬托他足够漂亮。史书是这样描绘刘邦先生的相貌的：说曾有一个人夸刘邦长得漂亮，这个人叫吕公。吕公第一眼见到刘邦就说："我年轻时喜欢给人相面。我相过很多人，但没有一个人的相貌像你这样尊贵的。我有一个女儿，愿意嫁给你当妻子。"第一次见面，因为面相尊贵，就把自己的女儿嫁出去。这件事情，真令人匪夷所思啊。

如果在武侠小说中，刘邦先生的出场白就应该是："我乃玉树临风，风流倜傥，人见人爱，花见花开，车见车爆胎的人送江湖绰号玉面小飞龙是也。"说罢，旁边还要伴随着花痴尖叫的声音。

刘邦先生到底长什么样子呢?

其中的真真假假，谁能说得清楚呢?

所以，刘邦先生是当之无愧的"真假美猴王"。

我没见过刘邦先生，不能说他帅，也不能说他不帅，所以刘邦先生的真实相貌，是一个说不出的秘密。

身份之二——吹牛大王

世界上有这样一种人，他们因为自己的政绩、自己的才能名垂青史。他们当中有的是政治家，有的是文学家，五花八门，但他们有一个共同特点，就是在自己的专业领域取得了极高成就，并因此物以稀为贵。大师之所以珍贵，就是因为大师是限量版的。但人人都想当大师，大师眼看就要进入批量生产状态，为了保住自己的地位，大师们不得不动用大师的智慧，想出大师级的办法，这个办法就是——提高当大师的门槛。

事实证明：此门槛过滤掉了一大批想当大师的人，过滤率高达百分之九十九点九九九。

这个门槛是什么呢，就是当大师降临的时候，往往伴随着天上放红光，水中出水怪，等等。不管是天上放红光，还是水中出水怪，我们统称为吹牛。在这个只有大师涉及的吹牛领域，刘邦击败了所有的大师级对手，成为了吹牛大师中的大师，应该被冠以“吹牛大王”称号。

刘邦大王坚持从出生吹起：刘邦不是他爹刘太公的儿子，而是他妈刘太婆与天神的儿子。有一天，刘太婆在湖边小睡，梦见了与天神发生不正当的关系。当时天色昏暗，电闪雷鸣。刘太公来找他老婆，结果看见一条蛟龙卧在刘太婆身上。不久，刘太婆就怀孕并生下了刘邦。

听完这个故事，不知道大家信不信？

如果你不信，没关系，还有。

刘邦爱好喝酒，喝醉了就睡倒不起。酒店老板常看见刘邦身上会有龙影出现。而且每次刘邦来买酒，生意总是非常好！

现在你该相信刘邦是吉人天相，天生的帝王了吧？还不信？没关系，刘邦先生坚持“谎言重复一千遍就是真理”的原则，坚持一吹到底。

有一个人说：“前面有一条大蛇，快跑吧。”刘邦当时喝醉了酒，回答说：“壮士前行，有什么好怕的？”于是上前，用剑把蛇斩为两半。夜晚，有一个老太婆在这儿哭，人们问她为什么哭啊，老太婆说：“我儿子是白帝，变成蛇，挡在这里，现在被赤帝子杀了，我因此哭！”人们认为老太婆撒谎，想要打她。老太婆却忽然不见了。

这件事情最诡异的地方，不在于刘邦斩蛇，而在于那个老太婆最后忽然不见，消失了，神秘得很，令人不得不信。

我们在惊讶于刘邦先生的神奇时，也同时为刘邦斩巨蛇的勇气所折服。据我所知，古往今来，能与刘邦先生勇气媲美的，只有会魔法的孙猴子和哈利波特之类的了，反正不是人。

故事写到这份上，也不由得你不信了。于是后来市面上就出现了这个故事的恶搞版：当刘邦遇见蛇的时候，那条蛇居然开口说话了，它说：“你如果把我的头斩了，汉王朝的开国君王就得死；你如果把我的尾斩断了，汉王朝的最后一位君王就得死。你选吧。”可是刘邦听不懂蛇语，于是上前“啪”地把蛇从中间斩成了两半。从此，便注定了汉朝分为东汉与西汉。

刘邦先生不是一般人，还给我们上演了一出夫唱妇随的经典好戏。

有一阵儿，官府通缉刘邦。刘邦就躲进了山里。别人找他总是找不到，而吕雉（吕公的女儿，嫁给刘邦当老婆）一找就找到了。刘邦很奇怪，问吕雉怎么找到他的。吕雉说："我丈夫在的地方，上面经常有云气环绕，我依着云气找，就能找到你。"

每读到这里，我总是跳起来，大骂刘邦："吹一次牛也就算了，你还三番五次地吹，而且越吹越玄乎！你不吹牛能死啊？"但是，如果不吹牛，刘邦还真的可能死，因为他吹牛，是出于政治需要。但不管是政治需要，还是有什么其他理由，刘邦先生的脸皮厚、吹牛无敌是一定的了。

吹牛是当大师的一种秘诀，此秘诀只可意会，不可言传。

不信，你问问当今的所谓"大师"们便知。

这，算是刘邦的一个不能说的秘密。

身份之三——混世魔王

混世魔王，这个称号可不是随便用的。自古以来，也就两人获得过这个荣誉称号，一个是贾宝玉，一个是程咬金，二人都不是省油的灯啊！大家其实不知道，刘邦先生也是一个不折不扣的混世魔王。刘邦先生早前是个小混混，凭借着自己高超的能力，"混"上了皇帝的宝座，成为当之无愧的混世魔王。

在刘邦是小混混的时候，吃喝嫖赌抽，坑蒙拐骗偷，所有不良品质，他几乎样样具备。其中有一种品质，说好听点叫“胸怀大志”（喝酒，逛妓院……），说难听点叫懒，不愿意参加农业劳动。他非常懒，爱玩，手里没多少银子，到处瞎忽悠。有一次有一大户人家请客，说贺钱在一千以上的，坐在堂上；贺钱一千以下的，坐在堂下。刘邦身上别说一千了，一个子儿也拿不出来，可他靠着足够厚的脸皮，大笔一挥，写道：“贺钱一万！”

要是一般人的话，撒了这么大的谎，肯定面红耳赤，恨不得找个地缝儿钻进去。刘邦先生可不是一般人，人家大摇大摆地坐在堂上，嘴还不闲着，时不时挤兑挤兑这个，挤兑挤兑那个，说说这个的坏话，说说那个的坏话。

脸皮都厚到子弹打不穿的地步，那谁也拿他没辙了。

有一次，项羽与刘邦打仗。项羽俘虏了刘邦他爹。项羽把刘邦他爹放在一块大案板上，并命人告诉刘邦：“你如果不投降，我就煮了你爹。”刘邦说：“我和项羽情如兄弟。我爹就是你爹。如果你非要煮了你爹，就请分我一碗汤喝喝。”顿时，项羽被刘邦的无赖嘴脸整得无语。

我也很无语……

事实证明，刘邦的混混能力真不是假的，他以他独特的混世之道，“混”成了皇帝。

但由于人家刘邦当上了皇帝嘛，所以这个“混”字就不能随便扣在他的脑袋上了（这么干会被咔嚓一声——杀头的），这也是刘邦皇帝的一个不能说的秘密。

由于这几大秘密都不能说，所以我只能把它们写出来给大家看。如果因此而摧毁了您心中汉高祖伟大光辉的形象，请您别在意，此写作纯属娱乐。

趣读秘笈

用轻松娱乐的心态读史，历史也会轻松起来。读《史记·高祖本纪》，看刘邦的故事，就如看郭德纲说相声，听李敖讲陈水扁，不会觉得无趣。

汉高祖刘邦是中国历史上性格最鲜活的一个皇帝，他坐没坐相，站没站相，痞性十足，诡计多端，虽然最不像个皇帝，却也鲜活、真实。

读史回放

后长主还宫，胶东王数岁，公主抱置膝上，问曰：“儿欲得妇否？”长主指左右长御百余人，皆云“不用”。指其女曰：“阿娇好否？”笑对曰：“好，若得阿娇作妇，当作金屋贮之。”长主大悦。乃苦要上，遂成婚焉。

——班固《汉武故事》

少年刘彻之烦恼

刘彻小的时候，有个颇为浪漫的故事。

一天，姑妈刘嫖把刘彻抱到膝上，半开玩笑地说：“彘儿，长大了要讨媳妇吗？”刘彻答道：“要啊。”姑妈指着女儿阿娇问：“我把阿娇嫁给你作媳妇，可好？”刘彻高兴地说：“如果把阿娇嫁给我，我就盖一座金房子，给她住。”姑妈非常高兴，后来数次求汉景帝，汉景帝答应了这门亲事。于是阿娇许配给刘彻，二人恩恩爱爱，过了一段和美的日子，阿娇还做了皇后。这，就是“金屋藏娇”的故事。

有这么一个传奇故事，刘彻就更是一个传奇的帝王了。他十六岁就登基做了皇上，要搁现在，十六岁也就刚上高中，正是谈谈恋爱，拉拉小手，青春少年不知愁滋味的时候，可这时刘彻同学却要学着大人，一本正经地治理起国家来了。

年纪再小，刘彻也希望自己做一个好皇帝。登基第二年，刘彻举行了一场考试，目的在于发现“贤良方正”、“直言极谏”的人才。在这次考试中，有一位考生脱颖而出，他的名字叫董仲舒。要说董仲舒吧，日后也没干什么好事儿，无非就是提了个建议，让汉武帝采纳了，且遗害了中国两千年，这个建议就是著名的“罢黜百家，独尊儒术”。自此，中国社会在不声不响中发生了一个巨大的转弯，告别了百家争鸣、百花齐放、思想自由、学术自由，取而代之的是思想顽固僵化的社会文化环境。

撇开禁锢思想的后果不谈，就光说儒术。儒家有什么好？儒家提倡仁义礼智信，提倡忠孝。本来，这是一件挺好的事，就因为董仲舒，这些本是优良的品德发展成为一句话：“君要臣死，臣不得不死。父要子亡，子不得不亡。”

君要臣死，你若是不死，就是不忠！

父要子亡，你若是不亡，便是不孝！

孔夫子老先生若是在天堂看到这些，恐怕也得大呼：“谬论！谬论！！”

这些严重阻碍社会发展的思想，在统治阶级那里却十分受用。因为我是君，你若是不听我的，你就是不忠不义之辈，你上对不起国家天子，下对不起黎民百姓；前对不起祖宗父母，后对不起子孙后代。总而言之，反对君王的，就不是什么好东西。

『我要打猎，我要藏娇！』

如果皇帝闲得没事儿干了，还可以打个仗玩玩。军队打着“仁义之师”的旗号，口中喊着“为了百姓，为了苍生”的口号，就可以雄纠纠气昂昂地出发了。

儒家学说与权力的有机结合，就像倚天剑和屠龙刀一样，于是，“江湖”上秘密流传着一句秘语：“武林至尊，皇帝是天。儒术一出，谁与争锋？”，“江湖”顿时笼罩在血雨腥风之中。

现在，大家都应该佩服刘彻同学了，小小年纪，就为后世开辟了一条“光明”的康庄大道。

可是你以为皇帝是那么好当的吗？

要想推行儒术，就得以身作则。皇帝刘彻也得尊重他的外婆（太皇太后），他的姑妈（刘嫖），他的伯伯叔叔（封国国主），他的亲娘舅，等等。

可是这些人真的跟刘彻那么亲吗？

事实上，这也造成了不小的麻烦。

刘彻面临的问题是：上有太皇太后干政，下有宰相专权，外有封国国王分权，内有……（等会儿再说吧）

看上去这是多么糟糕的年代啊！但在这个糟糕的年代里，却发生了一件令刘彻赏心悦目的事件，那就是与卫子夫的完美邂逅。

在平阳公主家，这位姐姐挖空心思，为做皇帝的弟弟刘彻找寻了一群人间尤物，供刘彻选择。可邪了门了，当一个个的人间尤物在刘彻面前搔首弄姿，眼神勾魂地走过时，情种刘彻就愣是一个也没看上。眼看选美就要谢幕了，却出来了一个相貌平平、打扮平平的素面女孩儿。这个女孩儿，天然去雕饰，眼眸子中透着清水一般的单纯，脸上露着村姑一样的朴实。就是这个简简单单的女孩儿，却将看惯了宫女加美女的刘彻勾住了。二人一见钟情，迅速陷入热恋。

由此看来，刘彻还是一个挺具有浪漫情怀的人。这么一个浪漫的人，皇宫怎能关得住他呢？

十九岁的时候，刘彻改穿平民服装，私自出游，结果惹出了乱子。有一天夜里，他和年轻的侍卫们约好在殿门外秘密会合，连夜赶往终南山。天快亮时，他们射鹿逐狐赶会，好不快活！但是，马匹践踏了农民的农田。老农对着刘彻破口大骂，从他的祖宗开始骂起（活皇帝的祖宗被骂，刘彻还是历史上第一人），县长也组织民兵抓捕刘彻，顿时杀声震天。刘彻无法脱身，不得不拿出皇帝的信物，才得以脱险。

刘彻还曾夜闯小镇，投宿客栈。可他带的人态度傲慢，直闹得鸡飞狗跳，惹毛了客栈老板，老板打算找人灭了他们。幸好刘彻投宿的是普通客栈，不是新龙门客栈，要不然……当时老板娘喜爱相面，看刘彻气宇不凡，认定不是普通人，于是把老板灌醉，并杀鸡宰羊向他们赔罪，刘彻得以逃过一劫。

虽然逃过一劫，刘彻还是心有余悸。

你说在那么个穷乡僻壤的地方被人偷偷摸摸地干掉了，那大汉王朝……后果真是连想都不敢想啊！但刘彻毕竟是个孩子，他想玩啊！于是，他想出个好办法：把御花园扩建到终南山！

这简直就是天方夜谭。把御花园扩建到终南山，那驻地百姓怎么办？让他们背井离乡？更何况，那么大的一片土地，你皇帝一个人玩得过来吗？这纯属刘彻一个人的异想天开。

于是一个叫东方朔的大臣进谏，劝阻汉武帝不要扩建御花园。汉武帝认为建议很好，赏赐了东方朔一百斤黄金。但自己想怎么做还怎么做，扩建御花园的计划毫不手软。

打架本是小孩子的天性，试问成年人，你们哪一个当孩子的时候没有打过架呀。但刘彻的这点天性就被活活扼杀了，因为他是皇帝嘛，谁敢跟皇帝打呢？刘彻又不能拽着人家脖领子大喊："我命令你打我！我命令你打我！"没有办法，刘彻就想："你们不跟我打，我跟野兽打，反正跟野兽打比跟你们打好玩。"我非常理解十九岁的刘彻血气方刚的男儿气节，但我不理解的是，他不要命了吗？

其实，刘彻先生不只想在人间做做皇帝，还想称霸山林，打败野兽之王。（我们有理由相信，刘彻先生还有一个打击怪兽，当宇宙英雄奥特曼的梦想。）

他要打野兽，这可把大臣们吓坏了。司马相如马上上书，希望汉武帝停止这项危险的娱乐运动，皇帝被野兽娱乐了怎么办？

汉武帝认为，司马相如的建议很好，给予表扬但自己还是照打不误。

听完这两个故事，家长们就该明白了，为什么孩子身上的“毛病”往往屡教不改。

浪漫的刘彻把卫子夫带回皇宫，皇后阿娇不干了。一哭二闹三上吊，把刘彻的头都搞大了。你说那么多大臣天天管教刘彻，家里还有一个老婆天天闹得鸡飞狗跳，刘彻能不烦？

少年刘彻的烦恼太多了。

可惜，那个金屋藏娇的浪漫故事没有一个好的结局，最后，阿娇的皇后之位被废，卫子夫继了位。

历史有时候就是这么残忍。

也许，等刘彻老了，再想起“金屋藏娇”的故事，会略带伤感地说：“想当年，我也是个痴情的种子，结果下了一场雨——淹死了！”

趣读秘笈

读史，其实是读“人”。

在读的过程中，不要认为它如何高深，如何呆板，将一个个高大的历史人物当“人”看，就会读出很多感受来。汉武帝，人们往往用雄才伟略评价这个皇帝，我倒在他的青少年时期读出了他的率真，他的浪漫，他的调皮。这样，读的就不是“汉武帝”，而是“刘彻”。

读史回放

卫皇后字子夫，生微矣。盖其家号曰卫氏，出平阳侯邑。子夫为平阳主讴者。武帝初即位，数岁无子。平阳主求诸良家子女十馀人，饰置家。武帝祓霸上还，因过平阳主。主见所侍美人，上弗说。既饮，讴者进，上望见，独说卫子夫。是日，武帝起更衣，子夫侍尚衣轩中，得幸。

——司马迁《史记·外戚世家》

卫子夫与灰姑娘的梦想

灰姑娘与王子的故事并不少见，然而灰姑娘的故事只限于童话里，虽然现在无数的女孩都有麻雀飞上枝头变凤凰的梦想，但只是想想而已，真正实现的却寥寥无几。

历史上却当真发生过这样的故事。故事的主角，就是卫子夫。

但凡是灰姑娘，在还没遇见王子之前，一定过着贫苦的生活，卫子夫也不例外。卫子夫的娘是平阳公主（汉武帝的姐姐）家的一个女奴，卫子夫是女奴的女儿，当然也是一个女奴。一个女奴和皇帝八竿子也打不到一块去，然而老天爷似乎想浪漫一把。

选妃大赛

平阳公主虽然是皇帝的姐姐，但她深深地明白皇帝是惹不得的。如果惹毛了皇帝，那昔日的姐弟情分就玩完了，别说现在的荣华富贵保得住保不住，就连项上人头保得住保不住都很难说。所以皇帝弟弟不但惹不得，而且还得时常拍拍皇帝的马屁才行。

平阳公主在自己的公主府里别有用心地选拔了十几位如花似玉的美女，教她们琴棋书画歌舞，以及扫洒进退。平阳公主心里有她自己的小九九，皇帝到现在还没有儿子，如果这十几个美女当中有一个被皇帝看上了，如果能为皇帝生个儿子，如果那个儿子还成了皇位继承人，那她就真是前途一片光明了！

但卫子夫出身低下，长得也不够漂亮，所以没有被选入其中。就在平阳公主为自己保富贵所列下的完美计划偷着乐时，随着皇帝的驾到，她却悲哀地发现她是在做梦，做一个不切实际的春秋大梦。

按理说，皇帝驾到该是那十几个美女大显身手的最佳时机，平阳公主自然不会错失良机，她连忙让那十几位美女盛装出场，可没想到的是，刘彻一点也不给她老姐面子。

要知道，皇宫里美女如云，刘彻见得多了，此时他目不斜视，对十几位美女毫不动心。平阳公主这才发现，一切都是她的一厢情愿。就在她的梦想就要破灭时，却没想到奇迹发生了，出现了一个令她哭笑不得的局面。

就在十几位美女围着刘彻团团转的时候，卫子夫上前表演了一段歌舞。一见卫子夫，刘彻的眼珠瞬间放神光了——眼睛呆呆地看着这个跳舞的女孩儿。过了一会儿，刘彻说他有点热，要去尚衣轩里换衣服，紧接着，卫子夫也被叫了进去。

从卫子夫没有被选进那十几位有特殊任务的美女中可以看出，卫子夫并不是十分美丽，她没有沉鱼落雁倾国倾城的美貌，可刘彻为什么会忽略身边的一群美女，单单看上她了呢？

我们只能理解为“一见钟情”。

在尚衣轩里发生了什么事情，大家心里自然都清楚。等刘彻从尚衣轩里出来之后，平阳公主立即表示愿意把卫子夫送进宫。临走时，平阳公主抚摸着卫子夫的背说：“你这一去必定会受宠爱。保重身体。等以后富贵了，可不要忘了我啊。”

卫子夫的马车渐行渐远。

在别人看来，这是天上掉下来的馅饼。刘彻先生有权（他是皇帝自然权力大）、有钱（天下的钱都是老子的），年轻有为（正值十九岁），又一表人才（画像为证），看起来卫子夫前途一片光明。

卫子夫也以为，幸福就如毛毛雨，要降临到她身上了。

“毛毛雨”是真的吗？

趣读秘笈

卫子夫，一个灰姑娘的得宠与成功，恰恰不是靠“两蛋一星”（屁股蛋、脸蛋成明星），而是靠真情真意的“女人味”。她的故事告诉我们：尽管过了两千年，至纯至情恰恰是大男人最渴望的。

读史回放

上之得为嗣，大长公主有力焉，以故陈皇后骄贵。闻卫子夫大幸，恚，几死者数矣。上愈怒。陈皇后挟妇人媚道，其事颇觉，于是废陈皇后，而立卫子夫为皇后。

——司马迁《史记·外戚世家》

两个女人的战争

既然卫子夫进了皇宫，我们就不得不介绍一下汉武帝后宫的领导者——皇后阿娇。

在前面，我们已经讲述过一个关于阿娇女士的典故“金屋藏娇”了，现在我们对阿娇女士只要了解以下两点就行了：其一，她认为刘彻之所以能当上皇帝，全是皇帝的姑妈她娘刘嫖的功劳；其二，阿娇从小娇生惯养，脾气很坏，嫉妒心大得上了天。

阿娇每次看到刘彻与别的女人厮混，都气得火冒三丈，跟刘彻大吵大闹大哭大叫，把后宫搞得鸡飞狗跳，把刘彻的头都搞大了。

不幸的是，刘彻与卫子夫在一起时恰好被阿娇碰到了。凭借着女人的直觉，阿娇感到卫子夫是一个强大的对手，她向卫子夫投去敌意的目光，并且铁青着脸，一言不发，等着刘彻的解释。

刘彻只得赔着笑脸，解释卫子夫只不过是平阳公主家的女奴而已。这解释如同火上浇油，更令阿娇火冒三丈：“好呀，宫里女人千千万，你还玩不够？连如此低贱的女奴都搞上了。”

刘彻不希望因为一个女奴就与皇后撕破脸，只好离开了卫子夫。而正如皇后阿娇所说的，宫里的美女千千万，刘彻转眼就把卫子夫忘了。

卫子夫这才知道刘彻的“一见钟情”不过是有权大爷的一时兴起。她现在就像是趴在玻璃上的苍蝇，前途一片光明，可她却找不到出路。

凄凉孤单的生活让她明白，嫁一个不爱自己的皇帝不是真正幸福的生活。

她明白了幸福的真谛。

一年后，宫内因宫女太多（大约有一万多人），要释放一批出宫。卫子夫觉得与其嫁给一个自己爱但不爱自己的男人，倒不如出宫寻一个爱自己、可以终身依靠的好男人。

当她随申请出宫的宫女一起晋见皇帝听候裁决时，酸甜苦辣涌上心头，纯真的她还是忍不住拜倒在刘彻座前流下眼泪。此时，奇迹又一次出现了——刘彻看着眼前这个哭得梨花带雨的女孩儿，不禁心生怜爱，当即决定把她留下来，更加宠爱有加。

从此，卫子夫时来运转，不久还怀了孕。

这事，让一直因为没有生育能力而耿耿于怀的皇后阿娇发了疯，她决定要铲除卫子夫这个眼中钉。

可刘彻先生也不是吃素的，他从此不再踏进阿娇的房门，整日与卫子夫厮守在一起，几乎寸步不离，防守严密，让阿娇无处下手。而且，和卫子夫待在一起的时间越长，刘彻就越发现卫子夫温柔善良、敦厚纯朴，与整日上窜下跳对刘彻大吼大叫的陈阿娇形成了鲜明对比，越发衬得阿娇是一个彻头彻尾的泼妇，而卫子夫是贤妻良母的最佳人选。

并且，越是阿娇要对卫子夫下手，越是衬托出卫子夫在偌大皇宫的无依无靠楚楚可怜，越是激发了皇帝刘彻对卫子夫的怜爱之情。同时，他对皇后阿娇的忍耐也到了极限。

此时如果阿娇聪明些的话，应该停止行动了。可嫉妒蒙蔽了她的双眼。她想，既然杀不了卫子夫，就杀卫子夫的家人，她决定杀的这个人，可是历史上的大名人，他叫卫青。

卫青是卫子夫的弟弟，由于长得相貌堂堂，当上了平阳公主的骑奴。过了几年，他被分派到建章宫当差。要说这应该是一次不错的升迁，正当他为当官而满心欢喜时，却发现皇后阿娇的屠刀就架在他的脖子上。

皇后阿娇下令：逮捕卫青，立即处决。皇后的那些打手找到卫青，二话不说，就把他抓走了。卫青以前在平阳公主家当骑奴的时候人际关系搞得很不错，结交了一班肝胆相照的朋友。说是肝胆相照的朋友，其实也就是一群狐朋狗友，

争皇后的秘密武器

不过这群人有个特点，都是社会底层的小混混，一无所有，重义气，敢闹事。说白了，就是那种能为兄弟撸袖子、拍胸脯，上一回水泊梁山，造一把反的人！事实证明，正是这一帮人救了卫青的命。他们在半路上劫了皇后的镖，把卫青救了下来，然后匆匆禀报皇帝。

皇帝一听，气得火冒三丈。

敢动皇帝老子的人，活得不耐烦了？

这让皇帝刘彻对皇后阿娇的忍耐超出了极限，他彻底与阿娇撕破了脸。

他马上召见卫青，并擢升卫青为侍中，又封卫子夫为“夫人”。在当时，夫人的地位仅次于皇后。

皇后阿娇发现，由于刘彻的保护，现实生活中她动不了卫子夫一根汗毛，于是便求助于神灵。她物色了一个名叫楚服的巫婆诅咒卫子夫。那个巫婆整日在皇宫里装神弄鬼，把整个皇宫搞得乌烟瘴气。

刘彻知道了这件事，于是下令让张汤查办。张汤，历史上有名的酷吏，是天下千千万万酷吏心目中的榜样。他本着“无罪不能无刑”的原则，办成了无数件屈打成招的案件。这次又大干了一票，向刘彻先生交上一份满意答卷。这份答卷连刘彻先生看了都吓了一跳。

结果是，按照罪行，包括楚服巫婆在内三百余人全部砍头，就连皇后也要砍头。刘彻吓了一跳，他本来只想杀杀阿娇的威风，没想到居然要杀头。皇帝刘彻念及旧情下令废掉了阿娇的皇后之位，把她囚禁在了长门宫。

阿娇哪里死心，她支付了世界上最高的稿酬——三十五公斤黄金，让司马相如写了一篇《长门赋》，希望能令刘彻回心转意。《长门赋》在文学史上留下佳话，却没能改变阿娇的命运。

她一直被囚禁在长门宫里，过着孤单的日子，直到公元前 110 年，这位曾经做过皇后的女人死在了那里。

皇后阿娇倒下了，再也没有什么可以阻挡灰姑娘幸福的降临了。卫子夫为皇帝生了三女一男，彻底帮刘彻甩掉了不孕不育的帽子。公元前 128 年，皇帝刘彻立卫子夫为皇后，立卫子夫的儿子刘据为太子。

有句话说得好，“一人得道，鸡犬升天”，用这句话形容卫子夫带给她家族的好运再合适不过。

卫子夫的哥哥卫长君，担任侍中；卫子夫的弟弟卫青，后来担任大将军；卫子夫的姐姐卫君孺，嫁给公孙贺。公孙贺不久被封为侯爵，担任太仆，不久又擢升宰相。

卫子夫的妹妹卫少儿和霍仲孺私通，生下一个儿子，叫霍去病。长大后霍去病随舅舅卫青出征，把匈奴打得七零八落。当时，卫少儿带着霍去病嫁给了陈掌，陈掌担任詹事。后来他找到亲生父亲霍仲孺，并找到他同父异母的弟弟霍光。霍光跟随哥哥来到朝廷。后来，这位看似憨厚的霍光兢兢业业掌政二十年，干了一件惊天动地的事——废黜了一位皇帝，这是后话。可见，卫氏家族权倾朝野，无人能敌。

如果在童话里，故事就该谢幕了。

可现实中事情还是要发展的。

卫子夫渐渐发现事情并不像她想象中的那样简单，毕竟童话里没有讲过，灰姑娘变老以后，王子还会不会爱她。

趣读秘笈

史书有的比较枯燥，不妨选着读，读那些展示人性人情的故事。阿娇和卫子夫的废立过程，就是这样一个充满情感纠葛、爱恨情仇的曲折故事，读来让人感到过瘾。

读史回放

秋七月，按道侯韩说、使者江充等掘蛊太子宫。壬午，太子与皇后谋斩充，以节发兵与丞相刘屈氂大战长安，死者数万人。庚寅，太子亡，皇后自杀。

——班固《汉书·武帝纪》

“忠臣”的心理学

这要从卫子夫的儿子、太子刘据说起。

刘据完全遗传了她娘的性格，宽厚仁慈、温柔谨慎，一点儿也不像他爹刘彻那样豪气冲天、精明能干。

每次出游，刘彻就让刘据主管朝政。刘据心地善良，每每看到酷吏制造的冤狱就给人家平反，减缓刑罚，宽大处理。这样做，使太子刘据赢得了官员和百姓的爱戴，可也在无意之中惹毛了酷吏。

人家辛辛苦苦抓的人、行的刑、定的案，就指望着升官发财呢，都让刘据搅黄了。酷吏们也从这些事中看到了一个不好的兆头：如果刘彻死了，仁厚的太子即位，那朝堂之上还会有酷吏们的立足之地吗？

正在这时，发生了一个重大事件，扭转了朝局：太子刘据的舅舅、卫氏家族的顶梁柱卫青大将军死了。

卫氏家族塌了半边天。

而当时刘彻的宠妃王夫人生子刘闳，李夫人生子刘旦、刘胥，另一位李夫人生子刘髆，赵钩戈夫人生子刘弗陵。儿子多了，刘彻对卫子夫和刘据的宠爱日渐减少，卫子夫即使身为皇后，也很难再见到刘彻了。但卫子夫这人要求不高，虽有不满，却也不生事。

酷吏瞅准时机，开始攻击。他们本着“没有毛病，就制造毛病”的原则，向刘彻打起了太子和皇后卫子夫的小报告。

小黄门（宦官）苏文先生就逮着了个打小报告的机会。有一天，太子进宫看望母亲卫子夫，过了好久才出来，苏文就对刘彻说：“太子和宫女们乱搞！”说完以后，苏文沾沾自喜，他以为刘彻肯定会勃然大怒。但从后面发生的事情来看，他完全不了解刘彻的心理。

刘彻大叫一声：“啊？我的儿子怎么能缺女人呢？”立马下令，将太子宫的宫女增加到两百人。

虽然苏文先生碰了一鼻子灰，可小报告还是铺天盖地、前仆后继地向刘据袭来。

这时，一位残忍的酷吏——江充出场了。我可以负责任地告诉大家，这个人是一路打小报告打上来的，因此深受皇帝宠爱。这位仁兄打小报告可是有水平的，他曾经成功地告倒过一位皇子，告倒过一位公主，现在，他把目光投向了皇太子刘据。

他相信：天底下就没有我江充不敢告的人，更没有我江

英明汉武帝的愚蠢之处
太子

充告不倒的人，当然皇帝除外。

很快就有一个机会降临：太子的信差在御道上奔驰，正巧被江充碰见。江充二话不说，立马把这人抓进了监狱。虽然只是太子的信差而不是太子，但拿他磨磨刀也是好的，可怜的信差就这样做了江充的磨刀石。

要说刘据先生也够仗义，一听自己手下的人被抓了，立马来找江充说情。大致内容是说："信差犯法都是我管教不力，希望你能看在我的面子上，放了信差，不要告诉我父亲。"

别人的脸色你可以不看，别人的面子你可以不给，可对方是太子啊！打狗还要看主人啊！

谁知江充不仅当场拒绝了太子，而且转眼就把这事报告给了刘彻。刘彻听完之后，感动得热泪盈眶，感慨万千。

他不是因信差犯法而感慨，而是为江充先生的高尚人格而感慨：我刘彻见多识广，还从来没有见过如此不畏强权铁面无私的官员！忠臣啊，忠臣！！大汉王朝大大的忠臣！于是刘彻便把江充列为百官学习的榜样，他说："忠臣就应该像江充先生这样！"

英明的刘彻哪里想得到，江充先生哪里是什么狗屁忠臣，是他发现了大汉王朝的一个致命弱点：最有权的皇帝最多疑，只信他自己。所以，江充不用依附任何强权，也不怕得罪任何人物，他只要打小报告，博得皇帝的宠爱与信任便可。

而且，江充先生梦想借着皇帝打击别人，使自己成为除皇帝以外的第二大强权！他不想畏惧别人，只想让别人都来畏惧他！

这，就是大“忠臣”江充先生“不畏强权”的真正原因。

然而这件事没过多久，江充就发现自己这回好像玩过了火，因为他这回得罪的不是一般官员，而是帝国的下一任统治者。眼看皇帝刘彻越来越老，没准儿哪天就蹬腿儿了，要是刘据当了皇帝，那还不报复他？

江充感到了危机，他必须在刘彻蹬腿儿之前搞倒太子。江充也明白，凭他这点力量搞倒太子是白日做梦，必须借助皇帝——汉武帝的力量。

于是，一个阴谋，一个借老爹的刀来杀儿子的天大的阴谋出笼了……

随着太子刘据被杀，不但卫子夫做皇后的日子到了头，而且连做个普通人都成了梦想——她死期将至了。

趣读秘笈

虽然卫子夫做皇后三十八年，时间之长在中国历史上排第二，但仍然没有逃过被废、被害的下场。原因很简单，皇宫是一个名利场，作为皇后，一个享受大富大贵之人，即使江充不害她，别人也会害她。

读史回放

武帝时，齐人有东方生名朔，以好古传书，爱经术，多所博观外家之语。朔初入长安，至公车上书，凡用三千奏牍。公车令两人共持举其书，仅然能胜之。人主从上方读之，止，辄乙其处，读之二月乃尽。诏拜以为郎，常在侧侍中。数召至前谈语，人主未尝不说也。

——司马迁《史记·滑稽列传》

狂人日记——东方朔

在汉武帝时期，出了一位奇人，叫东方朔，史书上记载了他的一言一行。如果把他的言行串在一起，那应该是一本天上难找地上难寻的人生日记——一本“狂人日记”。

少年时，东方朔是一个热爱学习、富有创意的好学生。他喜爱读书，业余时间阅读诸子百家著作，这都为他的狂人一生打下了坚实基础。

青年时，东方朔先生找到了一份工作。谁都没有想到，他参加工作之后做的第一件事就那么“引人注目”——专门给皇帝增加工作量。

东方朔先生没有什么奇特的法子，就是沿用知识分子的老办法——上书。只不过他上的书的字数多得不得了，当时没有发明造纸术，字都写在竹简上。他写了多少呢？他一共写了三千片竹简，两个大力士累得热汗直冒，才搬进了皇宫。皇上阅读他写的竹简，每看到一个段落，就在所读过的地方做一个记号。就这样，皇上读了整整两个月才读完。这真是，累死皇帝不偿命啊！

通过这件事情，我们可以了解到三点事实：

一、东方朔先生不仅是一个有毅力的人（不是谁都能一写就写出三千片竹简的），而且还是一个有水平的人（不要说写成了流水账，就是写得一般化，皇帝也不至于坚持看两个月吧？这都赶上看电视连续剧了）。

二、皇帝也不是那么好当的，尤其是遇上东方朔这样的大臣。

三、东方朔先生是一个狂人。

但这还远远算不得什么，好戏还在后头呢。

东方朔先生被任命为郎官，经常在皇帝身边听候差遣。不同于一般大臣的沉闷，汉武帝每次跟他谈话，都感到非常开心，非常愉快，简直就像看赵本山的小品。正因为如此，汉武帝经常赏赐钱财给东方朔。不但如此，而且，和皇帝吃完饭后，东方朔先生经常用手抓起桌子上剩下的肉，揣在怀里就走；皇上多次赏赐绢帛给他，他也不言谢，扛起来扬长而去。你说也怪，说一不二的汉武帝非但不怪罪，反而非常习惯，非常喜欢。

爱想升官讲段子

而且，东方朔先生还非常好色，他有一个“少女杀手”的雅号。这并不是说他多么有人格魅力，而是说他经常糟蹋人家黄花闺女。人家偷偷摸摸做这事儿的叫“采花贼”，而他光明正大做这事儿，叫“少女杀手”。

东方朔花掉皇帝赏赐给他的钱财布帛，在长安城中选娶年少貌美的女子，一年娶一个。就这样，他把皇上赏赐给他的钱几乎都花在了女人身上。

正因如此，那些在汉武帝面前规规矩矩、唯唯诺诺的大臣，都称他为“狂人”，也就是——半疯子。

中年时，有一次宫中汇集了不少学者参讨政事。这些学者诘难东方朔，说：“苏秦和张仪，一遇到大国的君主，就贵为卿相，恩泽后代。现在先生您研修先王的治国之术，仰慕圣人的仁义，熟读四书五经，博览群书，自己还写书，自以为四海之内无人能敌，可是您竭心尽力来侍奉英明的皇上，过了这么长时间，有几十年了，官职不过是个侍郎，职位不过是个执戟卫士，您说，这是什么原因啊？”

这番话可谓用心险恶。苏秦和张仪都是古代有大才的人，且都当了大官。用这两个人来诘难狂傲的东方朔，实在是再合适不过了。

但看人家东方朔，不慌不忙，指着这帮学者说：“像你们这种人怎么能理解这么深奥的事情呢？”他接着说：“时代已经变了，现在是人才辈出的年代，竞争多么激烈呀，很多非常有才的人都没有官做。假如张仪、苏秦都生活在今天这个时代，他们恐怕连一个掌故的官都做不到，怎么敢奢望当侍郎呢？”

看到这里的时候，你恐怕不得不承认东方朔的确是一个不折不扣的狂人了吧。

有一次，建章宫后阁的双重栏跑出来一只动物，看起来像一只麋鹿，汉武帝听说后就跑去看。

汉武帝问：“这是什么动物？”

周围的官员没有一个人认得这是什么动物。

汉武帝下诏，让东方朔来看。东方朔看过之后，说：“小菜一碟，我知道这是什么。”

汉武帝问：“这是什么呀？”

东方朔说：“请皇帝赐我以美酒佳肴，让我好好饱餐一顿，我才说。”

看，这小子吃了熊心豹子胆啦，竟敢与皇帝讨价还价起来了。

说一不二的汉武帝说：“行！”

酒足饭饱后，东方朔又说：“在某某地方有几顷公园、鱼池、薄苇地，陛下赏赐给我，我才说。”

说一不二的汉武帝又说：“可以。”

这时，东方朔慢悠悠地说：“这，就是人们传说的驺牙呀！它的牙齿前后一样，大小相等而没臼齿，所以把它叫做驺牙。远方的国家要来归附，驺牙才出现，贺喜陛下啊。”

说得汉武大帝又高兴又半信半疑，大臣们几乎都认为东方朔是在胡说。

结果一年以后，匈奴的混邪王果然带着十万人归降朝廷。汉武帝和大臣们想起东方朔说的，认为他不仅是个“狂人”，而且是个“神人”。

在东方朔的“狂人日记”中，每一页都可以用轻喜剧的字眼，记录他的传奇故事。

在东方朔临死的时候，汉武帝去看他的玩臣。就见东方朔一脸严肃，一字一句地嘱咐皇帝说：“陛下，希望您能够远离奸巧佞臣，不要听信他们的谗言。”

他说得十分恳切。

汉武帝非常不适应：“东方朔，你什么时候学会说正经话了？”

此后不久，奇人东方朔去世。

其实我想，狂人东方朔早在做官时就明白——政治，既不是一部喜剧片，也不是一部科幻片，而是一部恐怖片。

趣读秘笈

东方朔是相声的发明人，这一点恐怕出乎很多人的意料。不过，他演的是宫廷相声，主要观众就一个人——汉武帝。伴君如伴虎，在动辄杀人的汉武帝面前，只有将“观众”逗乐，才能免遭杀害。在让人捧腹大笑的同时，东方朔也带给我们无尽的感慨。

读史回放

义纵自河内迁为南阳太守，闻宁成家居南阳，及纵至关，宁成侧行送迎，然纵气盛，弗为礼。至郡，遂案宁氏，尽破碎其家。成坐有罪，及孔、暴之属皆奔亡……

——司马迁《史记·酷吏列传》

酷吏真“酷”

卫子夫击败了皇后阿娇，一步登天坐上了皇后的宝座，成功地完成了由灰姑娘向王后的完美转身，并建立起卫氏家族在朝野中庞大的势力。然而，卫氏家族却发现宫廷之中有一股暗波涌动，他们无坚不摧而又深受皇帝的信任。

那一股势力，就是一个庞大的酷吏群。

他们有着悠久的历史，他们的爪牙遍布朝野上下，他们造成了大汉王朝最大的黑幕。

在张汤先生成功地搞倒皇后阿娇之后，无数人看到了酷吏这一工作的伟大前景，并奋不顾身地加入到酷吏行业。为了尽快地升官发财，他们个个都红着眼，变成了不折不扣的变态杀人狂。

有一个人叫宁成，担任函谷关的都尉，脾气特别粗暴，平民和商人出入关口，都要受到他的虐待。人们抱怨说：“宁愿碰上正在喂崽子的母老虎，也千万不要碰上宁成在发怒。”

但宁成是个势力眼，他的脾气在有的人面前就没了，这个人就是义纵。

义纵，你可能没听说过，在当时他可是大名鼎鼎、家喻户晓。他原本是个强盗，借着姐姐是王太后的医官的关系，混了个一官半职。由于他的强盗本性，一当官就踏入了酷吏这个行当。

由于他执法严酷，政绩良好，政府任命他到南阳当郡长。义纵非常高兴，马上收拾东西准备走马上任。上任的路上途经函谷关，大酷吏义纵便遇上了小酷吏宁成。

这样，一个出人意料的场面出现了。

宁成是南阳人，他到函谷关口迎接义纵。他毕恭毕敬，侧着身子站在一旁迎接，再毕恭毕敬地把义纵送出关，礼貌相当周全。

但义纵却很嚣张，一点也不领他的情。

义纵到南阳上任之后，为了显示他铁面无私，是为人民服务的好官，决定拿宁成开刀。他调查宁成家族的种种罪状，大肆逮捕，宁成家族霎时被屠灭。南阳郡的小民非常震恐，没有人再敢犯罪。

后来，义纵调到定襄当郡长。一到任，便来了个下马威。他对监狱进行了突击审查，无论立案还是没立案，定罪还是没定罪，重罪还是轻罪，只要是监狱里的囚犯，连同当日探访囚犯的亲友一共四百多人一同逮起来，全部诛杀。临行刑前，他还对犯人们说了一句让人崩溃的话："我为你们这些该死的人解脱痛苦。"然后，转身飘然离去。

强盗就是强盗，即使当了官还是改不了强盗的本性。

可是你不要以为酷吏就只会杀杀人、吓唬吓唬小民，酷吏也是有"智慧"的。当智慧这种神圣的东西与酷吏这一可怕的职业放在一起捆绑销售的时候，就出现了更为可怕的场面。

有一个人叫王温舒，别看他的名字听起来温文尔雅，实际上他却是一个杀人不眨眼的恶魔。

王温舒以前是个作奸犯科的混混儿，后来阴差阳错当了广平郡的都尉。事实证明，他在当混混儿的时候积攒了广泛的人脉，为他当官后打击违法犯罪奠定了深厚基础。

一当官，他就在自己以前的混混儿朋友中选拔了十几个人，当自己的下属。那群混混儿朋友夸王温舒讲义气，有福同享，飞黄腾达了也不忘记老朋友，并希望他多多关照。王温舒听闻笑了笑说："你们如果不尽心尽力抓贼，那可就别怪兄弟不讲情面了。要知道，你们以前犯过的事儿我这儿可一清二楚呦。"随后，他还关心地问朋友们的妻儿是否安好，老母是否健在。

这一伙盗贼就这样被王温舒连威逼带利诱，拉上了他的贼船，从此尽心尽力地为他抓贼。要知道，贼往往是最了解贼的，时间、地点、人物搞清楚了，一网打尽决不是什么难事。

『没有我办不了的案！』

王温舒这以毒攻毒的招数，不可谓不毒啊。王温舒的名号是越打越响，成了广平郡的招牌。盗贼往往一听到王温舒的名字就不寒而栗，走路都绕着广平郡走。

广平郡从此有“道不拾遗”的美誉，成为天下无贼的美好境地。

再后来，王温舒被调到河内当郡长，到任后，他又大干了一场。刚一到任，他就下令逮捕郡中豪杰或恶名昭著的土豪乡绅，互相牵连达一千多户。王温舒下令：罪大的诛杀全族，罪小的诛杀一人，家产全部没收。

王温舒的命令使血流数十里，同时也达到了他的目的：社会安定。郡中一片寂静，没有人敢大声说话，没有人敢夜间出门。虽然是乡村，却连狗叫声也听不见，全郡笼罩在一种恐惧肃杀的气氛中。

皇帝刘彻对酷吏非常满意，认为这些酷吏非常贤明，把各自的郡治理得井井有条，连小偷也没有，便擢升不少酷吏成为年俸二千石的官员。可他只看见了表面的平静，却没有看见背后的流血与死亡。

这群人办案不讲法律，砍人头不讲情面，凭什么他们如此嚣张？原来，他们敢如此嚣张有他们的资本，因为有个幕后老大在罩着他们。

这个老大就是皇帝刘彻。

酷吏群中的成员大多出身不好，没受过什么良好教育（从义纵、王温舒先生就可以看出来），也没有什么办事能力，但他们却有一样绝活——对上媚，对下狠，对领导溜须拍马、察言观色，对百姓凶恶残暴。

他们敏锐地感知着主子刘彻的动向，当刘彻对一个人感到厌恶之时，他们就如同恶狼扑肉一般一拥而上，轻则诛杀一人，重则灭其全族，令刘彻大快其心。

刘彻更加信任他们，就更加提拔他们。于是，酷吏也就手握大权了。

这下，知道酷吏的厉害了吧。

酷吏信奉的是：没有我们办不了的案；没有我们定不了的罪；没有我们整不死的人！酷吏群蓬勃发展快速扩张，与在朝廷之内盘根错节的卫氏家族势力形成了巨大碰撞。

碰出火花来了。

趣读秘笈

联想现实读史，不失为读史的好方法。

酷吏，干好事，也干坏事，都是为了讨好主子。读酷吏传，使我想到现实，联想到当今为了拍领导马屁而失去做人原则的人，不禁觉得似曾相识。

读史回放

是时卓王孙有女文君新寡，好音，故相如缪与令相重，而以琴心挑之。相如之临邛，从车骑，雍容闲雅甚都；及饮卓氏，弄琴，文君窃从户窥之，心悦而好之，恐不得当也。既罢，相如乃使人重赐文君侍者通殷勤。文君夜亡奔相如，相如乃与驰归成都。家居徒四壁立。卓王孙大怒曰："女至不材，我不忍杀，不分一钱也。"

——司马迁《史记·司马相如列传》

拐卖妇女的风流才子——司马相如

公元前 179 年，四川省临邛县生了一个男孩儿，他就是日后大名鼎鼎的汉代大文学家司马相如。

司马相如，原名司马长卿，从小喜欢读书，喜欢击剑。因仰慕战国时期蔺相如的为人，后更名为司马相如。

司马相如从小多才多艺，不仅能文（读书），能武（击剑），还喜爱音乐，弹得一手好琴。他的琴名叫"绿绮"，为中国古代四大名琴之一。

司马相如小有大志，想报效国家，长大后终于如愿以偿，当上了汉景帝身边的武骑常侍。可司马相如发现，自己每天除了牵着马走来走去，没有别的事情可干，与他心目中的偶像——蔺相如凭借三寸不烂之舌，完璧归赵、力挽狂澜实在差得太远。他心中大失所望，于是便借口有病，辞了官，跟梁孝王来到梁国。

没过几年，梁孝王死了，司马相如只得回到家来。可家里贫穷，他没有工作，不能养活自己，没办法，只得去投奔在临邛县当县令的朋友王吉。王吉非常佩服司马相如，每天都去看望他。一开始司马相如还接见接见，后来就称病，让侍者去谢绝王吉。

临邛县有很多富人。其中有一个富人叫卓王孙，家中有佣人八百多人。他对另外一个富人说："听说县令王吉有一位贵客，我们一起把他请来吧。"他们就邀请王吉，王吉到后差人去请司马相如，可司马相如称病不去。王吉以为是自己礼节不够，不敢吃饭，亲自跑去迎接司马相如。司马相如哭笑不得地看着县令颠颠地跑来了，没办法，去吧，总得给县令一个面子吧。去了之后还没坐下，所有人就都被他的翩翩风度倾倒了。

后来，卓王孙经常邀请司马相如去他家作客。卓王孙有一个女儿，叫卓文君，本来跟一个皇孙定了亲，结果那个皇孙死了，可怜的卓文君连嫁衣都没穿上就成了寡妇。卓文君长得很漂亮，是个才女，非常喜欢音乐，对司马相如非常仰慕。

司马相如也听说了才貌双全的卓文君，他趁一次到她家作客的机会，弹琴唱道：

兔子不吃窝边草
所以常挨饿

凤兮凤兮归故乡，遨游四海求其凰；

时未遇兮无所将，何悟今兮升斯堂！

有艳淑女在闺房，室迩人遐毒我肠。

何缘交颈为鸳鸯，胡颉颃兮共遨翔！

皇兮皇兮从我栖，得托孳尾永为尾。

交情通意心和谐，中夜相从知者谁？

双意俱起翻高飞，无感我思使余悲。

前面四句倒还好，表达了司马相如对卓文君的爱慕之情，后面三句就不得了了！尤其是那一句“中夜相从知者谁”，完全就是让人家跟他私奔啊！

卓文君当时躲在帘子后头，听得怦然心动，她见司马相如雍容典雅、气质非凡、风度翩翩，完全被迷住了。

当夜，卓文君就收拾东西，与早已等在门外的司马相如会合，一起奔往司马相如的老家成都。

私奔后，卓文君这才发现自己上当了，司马相如家里一穷二白，家徒四壁。

卓王孙知道自己的女儿跟司马相如跑了，气得暴跳如雷，怒道：“女儿不孝，我不忍心杀她，但她也休想从我这里拿走一分钱！”

各种各样的礼法被司马相如和卓文君踩在了脚底下，他们大胆的私奔行动，成为了后代男女青年争取婚姻自由、恋爱自由的一面伟大旗帜。

这次行动对后世文学也产生了巨大影响。

《西厢记》中张生隔墙弹唱《凤求凰》，说："昔日司马相如得此曲成事，我虽不及相如，愿小姐有文君之意。"

《墙头马上》中的李千金在公公面前用文君私奔给自己辩护。

《玉簪记》中潘必正用琴心挑逗陈妙常。

《琴心记》直接把司马相如和卓文君的故事搬上舞台……

贫穷面前，卓文君哭了，但哭完之后生活还得继续。司马相如卖了车马，买了一个酒馆，让卓文君卖酒，自己也换上破衣破裤充当跑堂。

当下的司马相如，看起来倒霉极了：一身才华不被人赏识，只得和老婆在市场中靠卖酒来养活自己。

风水轮流转，很快司马相如就时来运转了。虽然卓文君私奔把卓王孙气得要死，但毕竟是自己的女儿，再加上旁边人劝他："现在文君已经失身于司马相如了。司马相如虽然贫穷，但人还是很好的，而且他又是县令的客人，你又何必把事情做这么绝呢？"卓王孙面对这个生米煮成熟饭的事实，只有唉声叹气的份了。他给了文君一百多个佣人，很多钱，还有嫁妆。

借着老人的光，司马相如和卓文君摇身一变，变成了富人，再也不用靠卖酒为生了。

司马相如真厉害，去别人家串门，把人家女儿拐走了，解决了终身大事不说，还顺便解决了生活上的问题，现代男人的榜样啊。

但司马相如的好运还远远不止如此。皇帝读到了司马相如写的《子虚赋》，赞叹不止："我不能与这个人见面真是人生的一大憾事。"当时在旁边侍候皇帝的太监是四川人，他连忙说："这是我老乡司马相如写的。"皇帝连忙招司马相如入宫来。

司马相如入宫来，对皇帝说："对啊，这就是我写的。可是这篇文章写得不值得一看，我再写一篇给您看。"

随后，司马相如写了一篇《上林赋》呈送给皇帝。这一篇《上林赋》与上一篇《子虚赋》不仅内容相连，而且词藻更为华丽。

文章写的是一位子虚先生与一位乌有先生的辩论。

子虚，虚言也；乌有，乌有此事也。这就成了成语"子虚乌有"的来历。

皇帝看了之后，擢升他当郎。

正当他名气正旺、步步高升时，一笔飞来的横财砸到了他头上。皇后阿娇希望司马相如写篇文章，以挽救她与汉武帝岌岌可危的婚姻，并愿意为此支付三十五公斤黄金。

一篇文章三十五公斤黄金，堪称世界上最贵的稿酬。

虽然文章《长门赋》并没有挽救阿娇的爱情，却开创了辞赋宫怨之先河，非常之了不起。

我们可以学习司马相如的生活准则："兔子不吃窝边草，所以兔子总是挨饿。"

趣读秘笈

看《司马相如列传》，就好像看当今的爱情大片。一个女孩儿，本来“白富美”，却一心一意找一穷小子，现代女孩儿决不干那傻事。不过，这个男孩儿，却是一个大才子。他们的爱情故事，吸引了千百万人。

读史回放

乌江亭长舣船待，谓项王曰："江东虽小，地方千里，众数十万人，亦足王也。愿大王急渡。今独臣有船，汉军至，无以渡。"项王笑曰："天之亡我，我何渡为！且籍与江东子弟八千人渡江而西，今无一人还，纵江东父兄怜而王我，我何面目见之？纵彼不言，籍独不愧于心乎？"乃谓亭长曰："吾知公长者。吾骑此马五岁，所当无敌，尝一日行千里，不忍杀之，以赐公。"乃令骑皆下马步行，持短兵接战。独籍所杀汉军数百人。

——司马迁《史记·项羽本纪》

霸王别姬——最好的结局

项羽力能举鼎，堪称中国历史上勇猛第一人，即使电影中的蜘蛛侠也不如他强悍，更何况蜘蛛侠是幻想的，而项羽则确有其人。

项羽的外表有些怪异，尤其是重瞳。重瞳是什么，重瞳就是一个眼眶里有两个眼珠，也就是一个人长了四个眼珠。不过，你可别说人家长得像外星人，古往今来，有四个眼珠儿的也有五个人，而且这五个人不是贤明君王就是勇猛大将，其中包括虞舜，也包括项羽。

别看项羽长得像天外来客，可人家有天助神力。小时候，项梁（项羽的叔父）让项羽学剑术，项羽说："我不学！剑只能打败一个人！我要学能打败一万个人的！"他叔父项梁一听，有骨气！就开始教他学兵法。项羽还是不乐意学。虽然没有专门学习武术和兵法，但项羽在中国武术和中国军事史上还是有不可忽视的地位。

就拿武术来说吧，他是我见过的力气最大的人，几十个人加在一起都不是他的对手。他也是史载亲手杀人最多的人之一——上千余人。杀人，这是人家的天赋。

再说军事上，他虽没学过兵法，但却洞察许多军事家也无法感悟到的奥秘。攻城略地，对他来说就是小菜一碟，历史上著名的标杆战役——破釜沉舟就是人家指挥打的。

破釜沉舟讲的是一场几乎没有胜算的胜仗。项羽在渡河打仗之前，把所有的锅碗瓢盆都砸了；在渡河之后把船也沉入河底，使士兵们有了只许胜不许败的勇气与决心，从而一鼓作气打败了敌军。别看只是砸几个破碗，这表明项羽洞察军事奥秘：天时不如地利，地利不如人和。最终，项羽凭借着自己过人的力气，过硬的胆气，过强的才气，当上了楚国的头领——尽管是自诩的。

其实，当领袖也是一门艺术，一门笼络人心的艺术。而楚汉相争的时候，中国出现了两个头领，一个是刘邦，另一个就是项羽。

假如历史可以重来

像项羽这样的人杰，遇到刘邦这样的无赖混混儿却是一点办法也没有，就好比《天龙八部》中豪迈侠义的乔峰大侠碰到李鸿章这样的官场老滑头，与人家比试推杯换盏左右逢源的本事，纵然乔峰再义气再豪迈，武功再高强也无济于事，最终当然是李鸿章取胜，乔峰输了。同样道理，项羽纵然力气再大，胆气再硬，才气再强，也无济于事。

当时，刘邦在身边笼络了一群人，例如运筹帷幄的张良，攻无不克的韩信，以及内勤部长萧何，等等。

而项羽的身边却只有一个谋士——范增。

范增是一个七十多岁的宅男，平常喜爱宅在家里研究奇谋诡计，后来成为项羽的谋士。项羽虽然只有一个谋士，却也不真听他的。要我说也是，谁喜欢每天听一个老头子喋喋不休，罗里啰嗦地说些不吉利的话呢。（忠言逆耳虽是忠言，但逆耳谁爱听啊？为什么不好好说，说得顺耳呢？）

最终，刘邦采用张良的计谋，围困项羽，并让四处唱起楚国民歌。项羽的军士大多是楚国人，听到家乡民歌，人心思归，于是不断有人从军中逃走。半夜，项羽从睡梦中醒来，发现身边的人已经跑得差不多了。

这是张良的一个计谋：你不是想当皇帝吗？那我就让你身边的人一个个离去，让你成为真正的孤家寡人。

最大的悲剧莫过于英雄末路、美人迟暮了。当时英雄虽然末路但美人却尚未迟暮，一个小小的女子——虞姬仍然陪伴在项羽身边。

项羽不禁高歌："力拔山兮气盖世，时不利兮骓不逝！骓不逝兮可奈何，虞兮虞兮奈若何？"意思是我力能拔山，气势盖世，时势不利乌骓马不离我而去，乌骓马不离我而去怎么办呢？虞姬啊虞姬，我无可奈何。而当别人弃项羽而去时，虞姬却说："大王意气尽，贱妾何聊生。"说完舞一段剑，趁项羽不备，自刎而死。

这是一幕悲剧，一幕英雄悲剧，可它也许是项羽最好的结局。假如项羽没有死，假如他杀出了重围，假如他胜者为王，那么，项羽还会爱虞姬一生一世吗？虞姬还会成为项羽心头永远抹不去的伤吗？项羽还会成为侠骨柔情的悲剧英雄吗？

这是一个悲剧，一个令后人嗟叹的悲剧。

可这也许是大英雄项羽最好的结局。

趣读秘笈

用读美文的方法读历史，不失为一种好的读史方法。

有些史书虽是古文，但并不像想象的那么晦涩难懂。《史记·项羽本纪》就是一篇这样的文章，读起来朗朗上口，是一篇名副其实的美文。

读史回放

太后遂断戚夫人手足，去眼，煇耳，饮瘖药，使居厕中，命曰“人彘”。居数日，乃召孝惠帝观人彘。孝惠见，问，乃知其戚夫人，乃大哭，因病，岁馀不能起。使人请太后曰：“此非人所为。臣为太后子，终不能治天下。”孝惠以此日饮为淫乐，不听政，故有病也。

——司马迁《史记·吕太后本纪》

吕后得到的与失去的

吕后的经历颇多坎坷。小时候她也和普通女子一样，天真地认为自己这辈子就是嫁汉生娃、生娃嫁汉，然后与丈夫白头偕老。但上天注定这个纯真女孩儿要几经生死，贵为一代皇后，最终掌管整个大汉江山，成为中国历史上最早握有皇权的女人。并且，她还为后世的武则天发扬女权主义，为现代女权势力的崛起，带了个好头，树立了标杆。

吕后原名叫吕雉，是一个小家碧玉，且是一个听爸爸妈妈话的乖女儿。也是因为听了爸爸的话，她嫁给了刘邦。而吕雉的爸爸吕公之所以这么嫁女，完全是因为刘邦长得好，生了一副好面皮。吕雉来到刘家，才发现自己嫁的人家有多糟糕——刘邦家徒四壁，一贫如洗，连菜叶子也不管饱。最重要的是，他家里已经有一个儿子了！这个儿子竟然是刘邦与邻家的寡妇乱搞生下的娃，叫刘肥。当刘肥恭恭敬敬、热热乎乎地叫了吕雉一声“妈”的时候，吕雉才发现自己上大当了。但生米已经煮成熟饭，吕雉也只好嫁鸡随鸡、嫁狗随狗，嫁刘邦随刘邦了。无奈与绝望的吕雉甚至认为，如果能守着这一亩三分地，一家人平平安安地过一辈子倒也是个不错的选择。但老天爷却注定不让她安分一辈子，谁叫她嫁了个不安分的老公呢？

没过几年，她那个不安分的老公就惹大事儿了！在服徭役的途中，由于刘邦没有看管好服徭役的人，让几个人逃跑了。而按秦朝法律，这是要被捉来杀头的。刘邦不想被砍头，就躲到了深山老林中。当时，秦朝气数已尽，天下英雄纷纷聚义起事，刘邦也正有此意，便组织了一个小团伙。

沧海横流，方显小女子真情。灾难面前，吕雉坚强起来，对逃难的丈夫一往情深，在刘邦背后默默地支持他、协助他，当着别人面也替刘邦吹嘘，说他是赤帝子，是天生的皇帝。俗话说：夫妻同心，其力断金！夫妻情深，百毒不侵！渐渐地，吕雉也蜕去了年少的青涩，学会了独当一面。

但让吕雉万万想不到的是，前方的路凶险万分，在自己后面的若干年中，吕雉多生活在逃亡与被俘的路上。

有一次，被敌兵追杀，吕雉和刘邦二人的儿子（刘盈）、女儿（平阳公主）找到刘邦，他们共乘一辆马车一块逃跑，

得到的和失去的

但后有追兵，四周有伏兵，刘邦先生嫌马车跑得不够快，就把自己的亲生儿子和女儿推下了马车，赶车的夏侯婴把孩子抱上车，刘邦就又把自己的孩子推下马车，夏侯婴又把孩子抱上车。如此重复三遍之后，刘邦才罢了。

丈夫如此对待自己的骨肉，想想就知道吕雉有多么寒心了；看着刘邦如此这般，想想就知道吕雉会学得多狠心了。

权力，金钱，该得到的吕雉都得到了。

善良，真情，本不该失去的吕雉也都失去了。

趣读秘笈

将历史人物当“人”，将历史上的女政治家当“女人”，是我读史的一个重要方法。

吕雉，一个残忍的女政治家，年轻时也曾善良过，真实过，只不过在跟刘邦历经血雨腥风，尝遍酸甜苦辣后，她变了，变成了后来的吕雉。因此，读历史，不要觉得那些历史人物离我们太遥远，将他们放到一个活生生的“人”的角度，读史就会多了些灵动，多了些鲜活。

读史回放

莽群兄弟皆将军五侯子，乘时侈靡，以舆马声色佚游相高，莽独孤贫，因折节为恭俭。受《礼经》，师事沛郡陈参，勤身博学，被服如儒生。事母及寡嫂，养孤兄子，行甚敕备。又外交英俊，内事诸父，曲有礼意。阳朔中，世父大将军凤病，莽侍疾，亲尝药，乱首垢面，不解衣带连月。凤且死，以托太后及帝，拜为黄门郎，迁射声校尉。

——班固《汉书·王莽传》

讨厌王莽的真实理由

王莽在历史上是一位饱受争议的人物。

有人骂他是乱臣贼子，狼子野心；有人则说他是一位“大儒”，一位思想家。不少人唾骂他，也有不少人为他辩护。

对于王莽，对于这个出生在公元前45年的人，对于这个从小失去父亲的孤儿，对于这个以学者身份登上皇位的人，我的感觉里只有两个字——讨厌。

有的人厌恶王莽、憎恶王莽，是因为他篡夺皇位，狼子野心、图谋不轨，但我认为这并不能说明什么，谁有本事谁做皇帝呗。我对王莽难以忍受的，却不是因为这些。

我的理由是：

其一，他是一个不折不扣的伪君子。

在王莽先生三十八岁那一年，他被擢升为大司马。王莽为博取美誉，就表现得特别节俭。当母亲得病的时候，他的同事和同事夫人们前去问候，王莽的老婆亲自开门迎接，客人发现，大司马的夫人穿的衣服长度遮不了体，外套长度遮不住膝。贵夫人们还以为她是王府的奴婢。询问之下，才知道是大司马夫人，都大吃一惊，纷纷夸赞王莽先生节俭，认为他是个真正的君子。

其实，他们看到的只是假象，王莽这么做，不是真心节俭，而是为了骗人，以达到他不可告人的秘密。可见，他那个“君子”之前，恐怕还要加上一个“伪”字。

也许你觉得我这样说有些过分，那么我们接下来看看王莽先生的种种怪行。

公元前 1 年的六月二十六日，汉哀帝刘欣在未央宫逝世。太皇太后王政君听到这个消息，立马前往未央宫，收取了皇帝的印信。

要知道，王政君是王莽的亲姑妈。这位太皇太后下令：所有用来征调武装部队的印信符节、文武百官所有的报告、禁宫侍从官、期门武士，统归大司马王莽掌管。

从这一刻起，王莽小人得志起来，种种丑恶的嘴脸开始显露。选拔皇帝的权力落在太皇太后王政君和其侄子王莽手里，他们就选中一个九岁的名叫刘箕子的做了傀儡皇帝。

伪善比真恶还可恨

当时的宰相名叫孔光，是著名的儒家学派的高级知识分子（名儒），一连在三任皇帝（汉成帝刘骜、汉哀帝刘欣、汉平帝刘箕子）手下担任宰相。太皇太后尊敬他，大臣们信任他，全国人民景仰他。王莽也同样对孔光毕恭毕敬，并且任命孔光的女婿做了宫廷随从和车总监。其实，这是王莽笼络并利用孔光的计谋。手握重权的王莽对不喜欢的人，就给他们加一个罪名，写好弹劾奏章，然后让孔光的女婿交给孔光，且偷偷告诉孔光说，“这是太皇太后的意思”。孔光本来就是个胆小鬼、规矩虫，于是就信以为真，且用自己的名字呈递。然后，王莽再在王政君面前支持孔光的建议。见这是朝中两位重量级大臣的意见，王政君没有理由不批准。

于是，凡是向王莽靠拢的人，全部得到了升迁；凡是冒犯王莽的人，一律下狱、诛杀。

为将小皇帝孤立起来玩弄于股掌之中，王莽禁止小皇帝和亲生母亲卫姬相见，母子二人都非常思念对方。一开始，王莽的长子王宇不赞成老爸这种使人家母子不能相见的损招儿，认为小皇帝将来长大明事理后一定会报复，于是就暗中跟小皇帝的舅舅私通书信，教唆思念儿子的卫姬上书，要求到京城来看望儿子，遭到了王莽的拒绝。于是，王宇就跟他的老师和大舅子商量对策。王莽虽然神通广大，谁都不怕，可他怕一样东西，鬼！几个人认为可以用鬼神来吓唬王莽，计策商定后，他们弄了一罐鲜血（谁的鲜血？），趁黑夜洒到了王莽家的大门上，不料被守门人发现，事情败露。王莽于是派人把儿子王宇和儿媳吕焉抓进了监狱，王宇在狱中服毒自杀，儿媳当时怀有身孕，在监狱中生下孩子后也被处决。

王莽还下令把卫氏家族全部屠杀，只留下卫姬（小皇帝的亲妈）一人。王宇的老师在被腰斩后，在长安东市门被五马分尸。

太皇太后王政君下诏书褒奖王莽，认为他大义灭亲。这些，表面上看起来一切都好，正义终于战胜邪恶了，大好人也得到褒奖了，甚至连那些“该死”的罪犯都已经死翘翘了，可大家回过头来想想：不就在你家门上泼了一罐鲜血吗，你至于杀死他们吗？好好好，哪怕他们有罪，那整个卫氏家族都有罪吗？他们凭什么都被处死？好好好，哪怕说整个卫氏家族都有罪，都该死，那——那个可怜的孩子——王宇和吕焉的孩子招惹谁了？为什么从他一出生就没爹没娘？而他亲爱的爹地和妈咪竟然是被他亲爱的祖父杀死的！

已经死了那么多无辜的人了，可王莽还是不肯罢休，他决心利用这个机会狠狠打击一下他的敌人们。他下令追查王宇老师的党羽，凡是在口供中出现的名字，都一网打尽。其中包括他的亲叔父——王仁。王莽以太皇太后王政君的名义颁下诏书，强迫他们自杀。

而且，王莽还派人乘坐政府的驿马车前往各地，诛杀卫姓党羽。凡是不归顺王莽先生的人，统统被扣上“叛乱”的罪名，一律处决，其中包括一些忠义之士。

王莽杀亲儿子，是不慈；杀亲叔父，是不孝；杀国家的忠义良臣，是不忠。如此不忠不慈不孝之辈，怎么能称为“君子”？最为可笑的是，居然有人说王莽公正无私，是一个天上难找、地下难寻的好臣子、正人君子。他们的逻辑是，连自己的儿子、儿媳都杀，这不是大公无私是什么？！实际上，王莽不是大公无私，而是极端虚伪加极端自私。

果然不出所料，王莽的行为的的确确地显示出他是一个彻头彻尾的蠢材、笨瓜、伪君子。后来，小皇帝渐渐长大，母亲不能来探望（当皇帝跟蹲监狱没什么两样），以及舅舅全家被屠杀，都给皇帝心头留下了仇恨的种子。“正人君子”王莽察觉后，便在酒中下毒，毒死了小皇帝。

接下来，王莽选了一个更小的（年仅两岁）小孩当皇帝，自己当了代理皇帝。再后来，王莽干脆连“代理”二字都去掉，自己直接做了皇帝。那一年，公元9年，西汉灭亡，王莽建立起新王朝。

这时，作为孔子孔老先生忠实的粉丝，王莽又显示出他作为儒生不一般的虚伪和机械。他发扬儒家学派的崇古精神，下令政府各单位职掌，必须完全依照古书《尚书》的规定做事，凡是违背古代的典章制度一律更改。最后，他竟然不认得自个儿，不知道自己是谁了：他自称是皇帝姬轩辕与舜帝姚重华的后裔。

我现在算是知道了，做一般的蠢事，只要愚昧就够了，做不一般的蠢事，非得拥有渊博的知识不可。

这一搞，直搞得全国山河一片乱，民不聊生，盗贼蜂起。

最后，敌人攻进了长安城，纵火焚烧了皇宫。王莽逃到未央宫宣室殿避难，此时他还不忘虚伪一把：就见他穿着赤青色的衣服，拿着姚重华用过的小刀（姚重华在位时，尚是石器时代，哪来的“匕首”？王莽以前用来欺骗别人的工具，现在用来自欺欺人），令天文官在王莽面前占卜日时方位，王莽找到占卜上最吉利的位子——“斗柄”，大模大样地坐下来，满嘴胡喃喃道：“我是神仙，汉王朝的军队拿我有什么办法！”

都死到临头了，还认为自己是神仙，迷信上天能够救他，想象力真丰富啊！

公元 23 年，王莽被诛杀。

我一辈子最讨厌三种人：伪君子、自私鬼、残暴之徒。

对不起，王莽先生，你三种都是。

趣读秘笈

虚伪的人，往往最坏。王莽就是典型的一例。他口称善良，又最不善良；口称无私，又最自私；口称道德，又最残忍。其实，当今社会不是也有不少这样的假善人吗？

读史回放

董卓自纳貂蝉后，为色所迷，月余不出理事。卓偶染小疾，貂蝉衣不解带，曲意逢迎，卓心意喜。吕布入内问安，正值卓睡。貂蝉于床后探半身望布，以手指心，又以手指董卓，挥泪不止。布心如碎。卓朦胧双目，见布注视床后，目不转睛；回身一看，见貂蝉立于床后。卓大怒，叱布曰：“汝敢戏吾爱姬耶！”唤左右逐出，今后不许入堂。

——罗贯中《三国演义》

一场父与子的夺妻之战：董卓 VS 吕布

俗话说“乱世出英雄”，这句话用在女人身上也一样。乱世也出美女。

话说东汉末年，天下大乱。那时在中国广袤的大地上，便出现了一位神秘的女子，她的名字叫貂蝉。正史对貂蝉着墨不多，仅仅二十来字，但她却改变了中国的一段历史，据说，她的养父先暗中把她许配给吕布，又明着把她嫁给董卓，于是在江湖上便掀起了一阵血雨腥风。

一场父与子的夺妻之战，正式拉开帷幕。

第一回合：比相貌。

恐怕没有什么好比的，肯定是吕布胜了。当时，吕布喊董卓为“义父”，董卓称吕布为“义子”。一个“父”，一个“子”，小白脸自然比老黑脸更有吸引力了。

再来看看，无论是从传统的京剧脸谱，还是现代的电视剧，董卓都是一个满脸横肉、胡子拉碴的老汉，吕布却是一个英姿勃发的帅哥。

一边是英俊潇洒，风流倜傥的帅小伙，一边是老得掉皮掉渣的糟老头。

你说，貂蝉会选谁？

第一回合，吕布领先。

第二回合：比权力。

董卓在长安城里，那可是一手遮天，翻手即云，覆手即雨。他位为太师，太师是个什么官儿？它位列三公之上，一人之下，万人之上，他也自比倒钩钓鱼的姜太公。

董卓的弟弟被任命为左将军，封鄠侯。

董卓的哥哥的儿子，任侍中侍郎。

董卓小妾怀抱中的小儿，封为侯爵，人家把侯爵的金印和紫色绣带当玩具耍。

董氏宗族的人，纷纷加官进爵，权倾朝野。

大臣们如果在街上遇到董卓的车辇，无论你的官多么大，资历多么老，都要通报姓名，拜谒车下。而董卓，则根本不予回礼。

中国五千年历史
只有男人的权力
没有女人的爱情

他还经常指挥三台尚书（分别为“尚书台”、“御史台”、“谒着台”）到他家里去开会，尽管他家不是“国务院”。

吕布，只是一个小小的中郎将，相当于首都警备区司令，根本没有办法与董卓相比。

所以，第二回合，董卓胜。

现在比分1∶1平。

第三回合：比速度。

您可不要误会了，这个速度可不是比谁跑得快，而是指搞女人的速度。

据现有资料分析，是董卓先娶了貂蝉。

甭管貂蝉是不是喜欢董卓，可人家董卓已经抢占了先机。俗话说，“近水楼台先得月”，再说，人家夫妻二人天天耗在一起，耳鬓厮磨，没有感情也磨得有了感情。

所以，这一回合，吕布先生落后了。

现在的比分是2∶1，董卓先生后来居上。

第四回合：比名声。

要知道，吕布先生早就美名远播，什么“人中吕布，马中赤兔”之类的好名声多了去了，他还被称做“三国第一猛将”。再看看可怜的董卓先生，关于他的歇后语可没有什么好的，什么“董卓进京城——图谋不轨”；好不容易讨了个老婆，还被人说成“董卓戏貂蝉——死在花下”；他还被一些历史学家称为“中国历史上的一大罪人”。

这一回合，吕布先生胜了。

现在的比分是2∶2平。

第五回合：比武功。

在武功方面，史书有非常形象化的描写。

董卓：卓有才，臂力少比，双带两鞬，左右驰射（意思为董卓武艺高强，力气过人，能够背两只箭袋在纵马疾驰时左右开弓）。

吕布更不落后：三国演义上有著名的三英战吕布，就是勇关公、猛张飞和大哥刘备三人加在一起，胜人家吕布都不那么容易。历史记载“布便弓马，膂力过人，号为飞将”（吕布弓马娴熟，膂力过人，被称为飞将）。

比赛真是激烈啊，这一局两人不分胜负，现在比分3∶3。

双方杀成了平手。

为决出胜负，本赛举办方决定：加试一场。

加一回合：比文采。

吕布曾经做过主簿（主簿类似领导秘书），原来人家能文能武，文武全才啊！

在董卓先生的档案里，则找不到这样的信息，他是一个典型的莽汉武夫。

这一回合，吕布胜。

所以，我宣布：本次夺妻大赛，吕布先生胜！

后来的历史也证明，的确是吕布先生抱得美人归。

当然，吕布抱得美人归的根本原因，不在吕布本人，而是背后政治推手起作用的结果。因为，貂蝉，一个享受爱情的女子，在这场PK中却成了一个工具，一个典型的权力工具。既然是工具，在使唤完之后，也就没有任何价值了。因此，此后她就再也没有出现在史书上。

有人说她隐居了……

有人说她在董卓死后嫁给了吕布……

甚至还有人说：她在吕布死后，又爱上了……

那个像谜一样的奇女子，像谜一样地在历史上消失了……

中国五千年的历史，只有男人的权力，没有女人的爱情。

趣读秘笈

罗贯中写《三国演义》，写董卓与吕布的恩怨，有权力斗争，有阴谋诡计，有女人，偏偏没有女人的爱情，偏偏女人成了工具，偏偏爱情成了武器。而这，正是我对《三国演义》最耿耿于怀的，正是我对五千年中国史最耿耿于怀的。

读史，应该反思，反思我们千百年来津津乐道的是不是正确，反思我们的评价体系是不是忽视了历史中最重要的要素——“人”，尤其是女人。现在很多女孩儿崇尚“高富帅”，是不是也忽视了爱情中“人”这一最重要的要素呢！

融四岁，能让梨。弟于长，宜先知。

——王应麟《三字经》

孔融凭什么上《三字经》

大凡看过《三字经》的，都知道孔融四岁能让梨的故事，也都会背什么“融四岁，能让梨”的句子。我也曾天真地认为，孔融是一位从小就道德品质高尚的大才子，但后来发现，我被表面现象蒙蔽了。

孔融有非常好的家庭背景，他是孔子的第二十世孙，他的先辈孔霸先生曾做过皇帝的老师，孔融从小就是在这样的环境中熏陶出来的。再加上他天资聪颖，后天勤奋，是当时有名的“神童”。

孔融一直是一个品学兼优的好学生，但谁都没有想到，正是“神童”这个虚名，毁了孔融先生的一生。

在孔融先生十三岁时，他的父亲去世了。我也不知道是不是这件事情对孔融打击太大，还是天性因素，从此以后，他的行事方法之怪异与他的名声成了正比。

有一天，有一个人到孔融父亲的墓上去哭丧。按照常理，不，就是按照非常理，有人对你的父亲表示哀悼，你也应该替你的父亲感到欣慰，表示感谢才是。但孔融就是孔融，人家就是和常人不一样，他从哭声大胆地判断，这个人在他父亲的墓前哭，哭得不够真诚，不够悲哀，泪水流得不多，嚎声不够大，这哪里是哭丧，简直是对他父亲的大不敬，于是他下令：把这个“哭声不哀”的混账东西给我逮起来，立马斩首示众！不能让他再在老爷子坟头上瞎哭，亵渎人间真诚！

孔融先生，你太有才了！

孔融如果活在当下，应该让他去好莱坞做导演。

要知道，孔融先生是受过高等教育的知识分子，是一位忠诚的儒家弟子，一向以“仁”“爱”作为自己的最高政治理想。把一个在父亲墓前哭声不哀的人斩首，不就是施行“仁政”吗？

孔融不单单是个“人名”，而且是一位“名人”。

所谓“名人”，就是出名前别人不知道他是谁，出名后他不知道自己是谁的人。

和当今很多出了名就想抽别人嘴巴子的人一样，孔融自恃才高、名高，认为什么事情都能干，而且干还能干成。

公元196年，有一个名叫袁谭的人率人攻击孔融。当时，孔融手下只有一百来人，战况非常紧急，箭飞来飞去，但看

不爱命 也显摆

看人家孔融先生，每临大事有静气，仍然端坐在桌旁，手执一书，高声吟诵，态度从容，颇有临危不乱的大将风范。我本以为，孔融先生一定会像诸葛亮先生那样不慌不忙，轻摇羽扇，化危机于无形。结果没想到人家孔融先生比诸葛孔明能耐大多了！当城池被敌人攻破，宫殿门就要打开之际，从容自如的孔融先生扔下妻子，撇下儿女，迈开大老爷们儿的双腿，鞋底子上抹油——出溜了！

出溜后，孔融先生出溜到大政治家曹操的帐下，做了一名谋士。

按说，既然投奔了人家曹操先生，你就老老实实地呆着吧，曹操待谋士又不薄，又有吃又有喝的，还很有地位，可人家孔融就是不一般。他非折腾出点儿响动来不可。

既然是名人，他最爱干的事儿，就是嘴巴子不闲着，到处发表自己的意见和见解。

按说这也没什么，总比现在的很多给钱就唱喜歌的无耻文人强。可重点是，他发表意见，不是为了追求真理，不是为了求实，而是为了两个字：显摆；三个字：穷显摆；六个字：不要命也显摆。

一次，人家曹操的儿子曹丕要娶老婆了，他看不惯，就把人家的老婆比作妲己。

一次，人家曹操要亲自出征攻打乌桓部落，孔融先生认为不该打，就把曹操先生比作苏武，潜台词是说，曹操先生必败无疑，还要被敌人俘虏，到漠北牧羊了。

孔融先生还不断地对主子曹操进行人身攻击，甚至是人身羞辱，而且，他的方式非常富有创意，非常有美感。

名人嘛，人家骂人也有艺术，决不像街头地痞一样骂粗口。准确地说，他都是引经据典以古喻今地骂人。乍一听，以为是夸自己呢，挺高兴的；可仔细想想，根本就不是那么回事儿，人家是拐着弯儿的骂你呢！

孔融仗着自己的声望，屡屡戏弄曹操，二人关系逐渐恶化。曹操知道孔融名满天下，只好一忍再忍。

终于有一天，习惯做不习惯说的曹操先生实在忍无可忍、无需再忍了，就把孔融先生以及他的妻儿老小都抓了起来，一并处决。

虽然很多人劝阻，但曹操先生已经下定决心。这就好比说如果狼持反对意见，即使羊集体通过吃素抗议也没用一样。

于是，孔融先生就以这样的方式闭上了他那荒诞不经的嘴巴。

后来，很多士大夫认为孔融先生是一位为了儒家伟大政治理想而英勇献身、忠贞不屈的烈士。可我认为，什么样的性格，就有什么样的命运。孔融先生的死，是他自己一手造成的。

他的轻狂自负和虚伪做作，把他一步一步送上了绝路。

我实在不明白，像孔融这样沐猴而冠的轻狂之徒，凭什么上了中国的经典《三字经》？

趣读秘笈

所谓“名人”，就是出名前别人不知道他是谁，出名后他不知道自己是谁的人。孔融，这位孔子的后代，就是这么一位。他仗着有几分才气，口无遮拦，满口胡诌，结果被“白脸奸臣”曹操所杀，不但青史留名，还上了《三字经》。

虚伪，轻狂，谁都敢骂，什么都敢说，往往更能够博得高的评价，历史是这样，当今社会不也是这样吗？

读史回放

扁鹊名闻天下。过邯郸，闻贵妇人，即为带下医；过雒阳，闻周人爱老人，即为耳目痹医；来入咸阳，闻秦人爱小儿，即为小儿医：随俗为变。秦太医令李醯自知伎不如扁鹊也，使人刺杀之。至今天下言脉者，由扁鹊也。

——司马迁《史记·扁鹊列传》

救得了别人救不了自己的神医——扁鹊

年轻的时候，扁鹊在一家客栈当掌柜的。

有一天，有一个叫长桑君的人到这家客栈投宿。他这一住，就是十多年，扁鹊看他气质不凡，非常敬重他。长桑君也知道，扁鹊不是等闲之辈。

有一天，长桑君悄悄约扁鹊谈话。他很神秘地对扁鹊说："我已经老了。我有一个秘方。我想把它传给你，你千万不要告诉其他人。"

扁鹊听了说："我一定保守秘密。"

于是，长桑君拿给扁鹊一种药，告诉他说："喝下这个药，要用未落地的雨水服用，三十天之后你就可以洞察事物了。"说完，他把秘方交给扁鹊，然后就消失不见了。扁鹊认为，他一定不是凡人。

遵照他的嘱咐，扁鹊连续服药三十天。

三十天之后，扁鹊睁开眼，发现自己居然可以看见隔墙那边的人。

之后，扁鹊便依靠学到的本领给人看病。

有一次，扁鹊行医到一个国家的都城，发现城里的人都不干活，而在祈福。于是他问一个人："你们为什么都在祈福呀？"

那个人就告诉他说："我们的太子病死了。"然后，把太子的病情告诉扁鹊。

扁鹊问："太子什么时候死的？"

那个人回答说："天刚亮的时候。"

扁鹊又问："收殓了吗？"

那个人说："还没有。"

扁鹊说："请告诉君王，就说我扁鹊仰望君王，也没有机会效劳，今天听说太子不幸死去，我能把他救活。"

那个人瞪大了眼睛："先生，不会是哄我吧。我听说只有上古的神医用古老的办法才可以将死人救活。"

扁鹊叹口气说："像我的医术，一看病人的气色神情，二听病人的声音，三看病人的体态，就能说出病症，医治病人。"

扁鹊怕那人不信他说的话，于是就把太子的病症说给他听。

那人听完扁鹊的话，瞠目结舌，吃惊地讲不出话来。随后，

救得了别人
却救不了自己

便将扁鹊的话报告给国王。

国王一听有人能救自己的儿子，连忙亲自到宫门迎接，见了扁鹊还没说话，就已经泣不成声。

哎，可怜天下父母心！

扁鹊说："太子得的病，其实是假死症。医术高明的医生能够治愈这种病，而医术低劣的医生便束手无策。"

说完，扁鹊便开始针灸。

不久，太子苏醒了。

二十天之后，太子身体恢复健康。

从此之后，天下人都认为扁鹊能够起死回生。

后来，扁鹊来到齐国。

齐桓侯把他奉为上宾。他却告诉齐桓侯："你有病，潜伏在皮肉之间，不加紧治疗，病情会加剧。"

齐桓侯说："我没有病。"

扁鹊离开后，齐桓侯对左右的大臣说："他想要得到名利，于是便想在没有病的人身体上做文章以求功利。"

五天之后，扁鹊再见到齐桓侯说："你的病已深入血脉，不治疗恐怕会深入体内。"

齐桓侯很不高兴地说："我没有病！"

又过了五天，扁鹊再见到齐桓侯，说："你的病已深入肠胃，再不治疗还会加深。"

齐桓侯更不高兴了。

又过了五天，扁鹊又去了，看见齐桓侯后转身就走。

齐桓侯派人追来，问他为什么跑。

扁鹊说：“现在，齐君的病已深入骨髓，我无能为力。”

又过了五天，齐桓侯果然生病了，再派人去请扁鹊，但扁鹊已经离开齐国。

没多久，齐桓侯病死。

扁鹊医术高明，享誉天下，他本着救死扶伤的精神，不分男女老幼，尽心尽力为百姓治病。

他堪称是一位完美的神医。

但是，秦国的太医令李醯自知医术不如扁鹊，于是派人暗杀了扁鹊。

一代神医扁鹊就这样结束了生命。

他救得了别人，却没能救得了自己。

趣读秘笈

带着对善良的人的美好情感读史，就会读出感情，读出味道来。神医扁鹊，就是这么一个非常可爱的人。他救治天下病人，爱怜苍生，悬壶济世，具有非常高的道德，值得推崇。但他终被嫉贤妒能的人所杀，令人感慨。

读史回放

太子及宾客知其事者，皆白衣冠以送之。至易水之上，既祖，取道，高渐离击筑，荆轲和而歌，为变徵之声，士皆垂泪涕泣。又前而为歌曰：“风萧萧兮易水寒，壮士一去兮不复还！”复为羽声慷慨，士皆瞋目，发尽上指冠。于是荆轲就车而去，终已不顾。

——司马迁《史记·刺客列传》

刺　　秦

荆轲知名度很高吧。大多数中国人都知道他是刺杀秦王的勇士，却很少有人知道他究竟是一个什么性格的人。

你可能认为荆轲是一个性格刚猛的人，其实不然。荆轲曾和一个叫盖聂的人谈论剑术，因为意见不和，盖聂就拿眼睛瞪着荆轲，荆轲什么都没有说，便走开了。后来，盖聂派人再去寻找荆轲，荆轲已经离开了榆次。

之后，荆轲来到邯郸。鲁勾践跟荆轲比赛下棋，因为抢先，鲁勾践恼怒了，呵斥他，荆轲默默地站起来走了，从此他们再没有见面。

荆轲来到燕国之后，与一个杀狗的屠夫和一个善于击筑的高渐离成了好朋友。荆轲爱好喝酒，天天与杀狗的屠夫和高渐离在燕国的街市上喝酒。夜晚，喝到半醉以后，高渐离击着筑，荆轲就在街上和着节拍唱歌，互相看着，醉眼迷蒙，逍遥自在，可是一会儿他们就抱在一起痛哭起来。

当时谁也不知道他们为什么哭泣，人们认为那是酒鬼们喝醉之后的正常反应。

荆轲虽然同酒鬼们厮混，然而为人却深沉稳重，他爱好读书，也喜欢与贤豪长者结交。在燕国，他认识了一位田光先生。田光先生对荆轲十分友好，知道他不是一个普通的人。

正是这个田光先生，改变了荆轲的一生。

当时，燕国的太子丹正在寻求一名能够刺杀秦王的勇士，他就找到了田光先生，希望他能帮忙。他对田光先生说："希望先生能借与荆轲结交。"田光说："好的。"然后就去见荆轲，跟荆轲转述了太子的意思，希望荆轲能够胜任。最后田光先生说："我们现在所谈论的，都是国家机密，不能泄露。我如果还活在世上，就让世人有所怀疑，这不是有节操的侠客应该做的事情，请你快去见太子，就说田光已经死了，永远不会泄露秘密了。"然后田光先生拔剑自刎！

荆轲认为刺杀秦王还缺少一样重要的东西，那就是秦王的信任。秦王生性多疑，不会接近他不信任的人。

当时有一位樊於期樊将军从秦国出逃投奔了太子丹，而秦王却想捉他，悬赏千斤黄金。荆轲说："如果能得到樊将军的头和燕国最肥美的地方的地图，把这两样呈献给秦王，

荆轲

秦王一定高兴地接见我，到时候我就有接近他的机会，才能为您效命。”

但燕太子丹说：“樊将军在极端困难的情况下来投奔我，我不能为了自己的私利，伤了这位长者的心，希望您替我另外想办法。”

荆轲明白太子不忍心，于是就私下会见樊於期说：“秦国对待将军可以说是太残酷了，父母、家族都被杀尽。如今听说用黄金千斤、封邑万户，购买将军的首级，您打算怎么办呢？”於期仰望苍天，叹息流泪说：“我每每想到这些，就痛入骨髓，却想不出办法来！”荆轲说：“现在有一句话可以解除燕国的祸患，洗雪将军的仇恨，怎么样？”樊於期凑向前说：“怎么办？”荆轲说：“希望得到将军的首级献给秦王，秦王一定会高兴地召见我，我左手抓住他的衣袖，右手用匕首直刺他的胸膛，那么将军的仇恨可以洗雪，而燕国被欺凌的耻辱也可以涤除了，将军是否有这个心意呢？”樊於期脱掉一边衣袖，露出臂膀，一只手紧紧握住另一只手腕，走近荆轲说：“这是我日日夜夜切齿碎心的仇恨，今天才听到您的教诲！”于是就自刎了。太子丹听到这个消息，驾车奔驰前往，趴在尸体上痛哭，极其悲哀，可已经没法挽回，于是就把樊於期的首级装到匣子里，密封起来。

当时太子已预先寻找天下最锋利的匕首，找到赵国人徐夫人的匕首，花了百金买下它，让工匠用毒水淬它，用人试验，只要见一丝儿血，没有不立刻毙命的。于是就准备行装，送荆轲出发。燕国有位勇士叫秦舞阳，十三岁就杀人，别人都不敢正面对着看他，于是就派秦舞阳作助手。荆轲等待一个人，打算一道出发。那个人住得很远，还没赶到，而荆轲已替那个人准备好了行装。又过了些日子，荆轲还没有出发，太子认为他拖延时间，怀疑他反悔，就再次催请说："日子不多了，荆卿有动身的打算吗？请允许我派遣秦舞阳先行。"荆轲发怒，斥责太子说："太子这样派遣是什么意思？只顾去而不顾完成使命回来，那是没出息的小子！况且是拿一把匕首进入难以测度的强暴的秦国。我所以暂留的原因，是等待另一位朋友同去。眼下太子认为我拖延了时间，那就告辞诀别吧！"

一切准备就绪后，荆轲要出发了。

太子及宾客中知道这件事的，都穿着白衣戴着白帽为荆轲送行。易水岸边，饯行以后，高渐离击筑，荆轲和着节拍唱歌上路，发出苍凉凄惋的声调，送行的人都流泪哭泣。荆轲一边向前走一边唱道："风萧萧兮易水寒，壮士一去兮不复还！"复又发出慷慨激昂的声调，送行的人无不怒目圆睁，头发直竖，把帽子都顶了起来。荆轲上车远去，连头也没有回。

我们不要只是仅仅觉得这首词写得悲壮，他是真的"不复还"了。如果荆轲失败，那么他一定是死路一条；如果荆轲成功，那他也不可能全身而退，秦国的大臣和士兵同样会让他死无葬身之地。

结果大家都知道，荆轲失败了。

明知必死无疑，却仍然义无反顾！

这才是侠客！

然而司马光（写《资治通鉴》）先生却不这样认为，他用一个词完全否定了荆轲，这个词就是“豢养”。“豢养”的意思是用金钱美女收买，并且司马光先生认为荆轲为了燕国太子丹的豢养情谊，就不顾家族安危，用一把小小的匕首想使燕国强大，使秦国衰弱，这不是愚蠢的行为吗？用君子的眼光来看，这就是强盗的行为！

我不禁想要质问司马光先生：在国家危亡之际，英雄豪杰用一次自杀式的行为拯救国家，这难道有错吗？人生难免一死，荆轲慷慨赴义，这有什么错吗？这样的侠义精神，你司马光知道吗？自己没有道德勇气，反而讽刺有道德勇气的人，如果这样的人就是正人君子的话，我宁可不当这种“正人君子”。

同样是写历史的，司马迁先生就不那样认为，他认为侠客们的行为，无论成功还是失败，都光明磊落。他们不掩饰自己的志向，声誉永垂后世。

你说同样是姓司马的，做人的差距咋就这么大呢？

此地别燕丹

壮士发冲冠

昔时人已没

今日水犹寒

我去过易水湖，那时正值秋天。青山依旧，漫湖碧透。风已经有些寒意，我站在湖旁，仿佛看见荆轲一袭白衣举杯，一饮而尽。风，将他的衣服吹起。我看着易水湖旁千年不变的景色，一首诗涌上心头：

明知必死无疑，却义无反顾！这才是侠客！

一旦国家有难，甘愿挺身而出！这才是侠客！

我会记得刎荐荆轲的田光先生，我会记得自杀取义的樊於期先生，我会记得挺剑而起的唐雎先生，我会记得喝醉酒后抱头痛哭的荆轲先生，我会记得瞎了眼睛还在击筑的高渐离先生。

我永远记得他们。

趣读秘笈

荆轲，是产生在燕赵大地上的著名人物。荆轲的慷慨悲歌，感染了一代又一代燕赵人。每次看他的故事，感受他的精神风骨，都会让我这个燕赵人受到激励和鼓舞。

循着自己熟悉的人和物读史，就会平添出很多兴趣来。

读史回放

先主未出时，献帝舅车骑将军董承辞受帝衣带中密诏，当诛曹公。先主未发。是时曹公从容谓先主曰："今天下英雄，唯使君与操耳。本初之徒，不足数也。"先主方食，失匕箸。

——陈寿《三国志》

刘备与曹操的"双城记"

那是最美好的时代，那是最糟糕的时代；
那是智慧的年头，那是愚昧的年头；
那是信仰的时期，那是怀念的时期；
那是光明的季节，那是黑暗的季节；
那是希望的春天，那是失望的冬天；
我们全都在直奔天堂，我们全都直奔在相反的方向。

——查尔斯·狄更斯《双城记》

如果狄更斯生活在中国的三国时代，他一定分辨不出，这究竟是最好的年代，还是最坏的年代。

对于刘备先生而言，这无疑是一个最坏的年代。对于曹操先生来说，这应该是一个最好的年代。

从事业上说，刘备先生不如曹操先生。

大家应该都知道青梅煮酒论英雄的事吧，历史上确有其事。当时，刘备先生在曹操先生手下当官，他与一个叫董承的人想要刺杀曹操。有一天吃饭的时候，曹操先生非常从容淡定地对刘备先生说：“现在，天下英雄只剩下阁下与我曹操。像袁绍之类的人，根本微不足道。”刘备以为自己想要刺杀曹操的阴谋已经泄露，吓得双手一抖，筷子掉到了地上。这时天上恰好打了一个响雷，刘备就掩饰说：“古人云：‘天上打雷，使人脸色变了’，果然不错。”这件事之后，刘备认为这里不是久留之地，于是就开溜了。

公元200年，刘备投奔袁绍，曹操攻击刘备。当时，刘备认为曹操肯定会攻击袁绍，不会攻击自己。而小兵报告：曹操已兵临城下，刘备吃了一惊，但仍然不信，于是亲自率领十几个骑兵出城观察，在看到曹操的军旗后吓得弃军逃亡。曹操攻下城池，俘虏了刘备的妻子，还俘虏了那位在三国演义中与刘备结义的兄弟——关羽。

公元208年，刘备投奔了刘琮。当时刘琮想要归降曹操，但又不敢告诉刘备。等刘备发现情形有异，派人去问刘琮，刘琮实情相告，且说曹操带领大队兵马马上就到眼前了。这对于刘备来说，无异于晴天霹雳，他吓呆了，于是赶忙率部众向南逃窜。

但曹操怎么能放过刘备呢？曹操带精锐骑兵五千人追击

问天下谁是英雄

刘备。一天一夜，疾行三百里，而刘备部众一天只能行十几里。在当阳长坂坡，刘备终于被追上。刘备军队溃败，刘备也抛妻弃子与诸葛亮、张飞等人在数十骑兵保护下，撒丫子逃走。

在刘备一生中，几乎都处于被人追打状态，所以在事业上，刘备是失败的。

再说婚姻上，刘备先生也不怎么成功。

记得《三国演义》上很经典的一段讲孙权“赔了夫人又折兵”，实际上根本就不是那么回事儿。

当时，孙权把自己的妹妹孙尚香嫁给了刘备，孙策、孙权，那都是何等风流人物，孙小妹自然也不会太差，她才思敏捷，性情勇猛刚烈，有兄长的风范，是巾帼不让须眉的女英雄。她的侍女有一百多人，全部都穿铠甲，手拿兵器，在旁伺候。刘备见他的夫人，吓得满头大汗，心中七上八下，忐忑不安。

从这点上来看，刘备惧怕他的老婆。但这也不能怪刘备，谁叫他的老婆是个“悍妇”呢！

就是在长相上，刘备先生也不怎么占优势。

你想想，如果现在你在大街上遇到一个人，他长着一双自己都能看见的大耳朵，两只手垂到膝盖以下，你还认为他是个正常人吗？这哪里是人啊，简直就是一个变异物种。

甚至在传宗接代方面，刘备先生也大不如曹操先生。

刘备只有一个儿子，还没出息到底——扶不上墙的刘阿斗。再看看人家曹操的儿子：曹丕，政治家；曹植，好歹也是个文学家；就连小儿子曹冲，还会称象呢！

刘备，不服不行啊。

所以无论从事业、爱情、外貌、家庭哪个方面，刘备都是失败的。相对而言，曹操先生是成功的。

难道三国时期，就是刘备最糟糕的年代，曹操的最美好年代吗？

好像又不是这样的。

曹操先生是中国历史上最苦的创业英雄之一。像小混混刘邦先生只用七年时间便统一天下，刘秀也仅仅用了十五年就达到天下一家的目的，而胸怀大志、知人善任的文学家、军事家、政治家曹操，则苦战了三十年之久，才平定了北方。三十年，三十年，纵使是钢铁战士苦战了三十年也该生锈了，更何况是只有60岁生命的有血有肉的正常人呢。

从这种意义上讲，三国时代难道不是曹操最糟糕的时代吗？像他这样的“治世之能臣，乱世之枭雄”搁哪个朝代不比在三国混得好呢！最让曹操无语的是，他奋斗终生，大气磅礴，却换来一个白脸奸臣的名号，描述起来让人汗颜。

而像刘备那种没落皇族，没大出息的人，竟然也可以误打误撞建立蜀国，与曹操先生建立的魏国和孙权先生建立的吴国并称三国。从这种意义上讲，三国时期也称得上刘备最美好的时代了。

所以我说，不要说曹操、刘备先生，就是《双城记》的狄更斯先生，恐怕也分辨不出三国到底是最好的时代，还是最坏的时代。

青山依旧在，几度夕阳红。

趣读秘笈

读《三国志》，联想着《三国演义》，就会感受到演义与历史史实的不同，读起来就会在增加兴趣的同时，感受到鉴别之妙。

读史回放

其形也，翩若惊鸿，婉若游龙，荣曜秋菊，华茂春松。仿佛兮若轻云之蔽月，飘飖兮若流风之回雪。远而望之，皎若太阳升朝霞。迫而察之，灼若芙蕖出渌波。

——曹植《洛神赋》

曹操儿子大比较：曹丕 VS 曹植

现在，我们常常听到有些小孩子抱怨：“我爸我妈老拿×××跟我比，老说你看看人家×××，再看看你！”实际上，不仅仅是现代父母，就是古代父母也有这样的习惯。把孩子和孩子放在一起比较，是中华民族的“优良”传统，在这里，我也把三国时期曹操的儿子进行一场大比拼，主要竞争对手是大儿子曹丕和大才子曹植。

论才华，好像不分上下，两位都是文学爱好者，都才华横溢。

其中，曹植的千古名篇《洛神赋》，其词藻之华丽，语句之优美，非后人所能及。

《洛神赋》甚至影响到了一千多年以后的金庸先生的武侠小说《天龙八部》。为什么这样说呢？《洛神赋》是曹植赞美自己梦中情人“洛神”（洛水的仙女）的一篇文章，其中曹植用“凌波微步”来形容美女走路的姿势，而这一词语被金庸先生引入武侠小说《天龙八部》中，成为了一种绝妙的轻功。

并且，曹植先生最有名的作品还有《七步诗》。

有关《七步诗》，在《三国演义》中描写得非常精彩。话说曹植有一天喝醉了酒，被曹丕派人抓来，曹丕就想杀掉曹植，但有人劝阻说曹植是个才华横溢的才子，不能杀掉。于是曹丕就说：“那我们就试试他的才能。如果他没有才能，就杀了他，如果他有才能，就放他一条生路。”曹丕于是命令曹植在七步之内作一首诗。

曹植就问：“那要以什么为主题呢？”

曹丕说：“你我是兄弟，就以兄弟为题吧。但诗中不可带有‘兄弟’二字。”

只见曹植先生不慌不忙，吟声道：“煮豆燃豆萁，豆在釜中泣。本是同根生，相煎何太急。”

曹丕听了，不禁潸然泪下。曹丕先生将曹植贬官，曹植拜谢告辞，骑马而去。

现在，你应该知道，曹植先生是一位大才子了吧。

但是，曹丕先生的文学造诣也不差呀。他写的《燕歌行》是现存最早的七言诗；他写的《典论·论文》是我国文学批评史上第一篇专题论文。

曹丕先生的文学创新值得嘉奖，但他还是比不上他那位

要毁一个人
就让他爱文学

才华横溢的弟弟。后来的文学家谢灵运曾经做过评价："如果说天下的所有才能是一石的话，曹植先生就能占去八斗。"

"才高八斗"这个成语，由此而来。

当时，热爱人才的曹操也想把自己的位子传给这位才高八斗的儿子。但我们知道，美丽是危险的，象因牙死，狐因皮亡。如果，曹植出生在中国任何一个朝代的普通家庭，他都有可能成为像苏东坡那样的大文豪，可偏偏生不逢时，一出生就是曹操的儿子，一出生就注定了他的政治生涯和人生宿命。

曹操对曹植的喜爱，在一件事之后发生了根本性的转变。有一天，曹操带兵出征。曹丕、曹植都为他送行。曹植当时出口成章，全都是歌颂曹操功德的话语，曹操大为高兴。只有曹丕在一旁闷闷不乐。其实，这是一个谋士给曹丕出的主意："大王（曹操）出发在即，你只需要流眼泪就行了。"曹丕一听，对啊，硬功拼不过人家，可以来软的嘛！于是，曹丕先生越发显得闷闷不乐，又非常煽情地跪地下拜，神情悲伤，泪流满面。他把整个送行会搞得非常伤感，连铁石心肠的曹操先生都被打动了。

曹操认为曹植词藻华丽，不如曹丕忠厚。他把对曹植的所有偏爱，转移到了曹丕身上，他把自己的位子也传给了曹丕。曹丕登上皇位之后，立马本性暴露，对自己兄弟的打击更加不择手段。曹植也因为受到迫害，过着不如普通老百姓的生活。

所以说，要毁一个丈夫，就让他的妻子爱文学；要毁一个公司，就让他的总裁爱文学；要毁一个国家，就让他的皇帝爱文学。

总而言之，就一句话，要毁一个人，就让他爱文学。

曹植先生因为爱了文学，只爱文学，爱得太过突出，所以在这一场政治斗争中，败得很惨。

但无论谁赢谁负，都是人家老曹家的家务事。不管怎么说曹操的两个儿子都足够优秀。人家曹丕是政治家，人家曹植是文学家。曹操、曹丕、曹植并称为“三曹”。中国历史上唯一能够与之匹敌的仅有宋朝的苏东坡三父子：父苏洵，兄苏轼，弟苏辙，他们被称为“三苏”。

虽然，两个儿子这么优秀，曹操仍不满意。曹操特别羡慕人家孙坚生的儿子孙权。他说：“生子当如孙仲谋（生儿子就应该生像孙权这样的）”，潜台词就是认为自己的儿子不如人家。

唉，看来，幸运的孩子各有各的幸运，不幸的孩子都是相似的，无论古代还是现代。

趣读秘笈

从文学的角度读历史，就能感受到历史的生气盎然。

读史回放

石崇与王恺争豪，并穷绮丽，以饰舆服。武帝，恺之甥也，每助恺。尝以一珊瑚树高二尺许赐恺，枝柯扶疏，世罕其比。恺以示崇。崇视讫，以铁如意击之，应手而碎。恺既惋惜，又以为疾己之宝，声色甚厉。崇曰："不足恨，今还卿。"乃命左右悉取珊瑚树，有三尺四尺、条干绝世，光彩溢目者六七枚，如恺者甚众。恺惘然自失。

——刘义庆《世说新语·汰侈》

炫富招来灾祸

骑白马的不一定是王子。

绿珠，一个西晋时期的女子，一辈子只爱过一个男人，这个人就是当时的大富豪石崇。只是，这个石崇，不值得她爱。

石崇是谁呢？要说石崇，真是一位奇人。我了解了他好久，对史书上介绍他干的那些事一直困惑不已，什么高深莫测啦，神龙摆尾啦，形容他都是小儿科。我经常纳闷，他到底是什么样的性格，导致其行为凡人无法企及，神人无法理解，神经病患者只能有望尘莫及的份儿了。

为什么这么说呢？

本来，石崇是一个挺好的小伙子，他身高五尺，相貌堂堂，尊敬师长，爱护同学，有一定的人缘。但到后来，一件不幸的事降临到了他的身上，那就是他不但有了钱，而且还有了权。

按理说，有钱有权谁不渴望？这是好事啊，怎么于他就成了不幸的事情了呢。其实，看看身边的人就知道，有几个有权有钱不变坏的男人！

尤其是这个石崇，一“得意”就“忘形”，完全不认得自己了，不知道自己是人是神了！用史书上的记载就是“穷奢极欲”、“骄奢淫逸”。

他奢华到了什么程度了呢？先讲茅坑，拉屎蹲茅坑，有臭味，天经地义，而石崇则不允许这种情况在他这里出现。他花了一大笔银子，将自家的厕所彻底改造了一番，直修得金碧辉煌，比现在的五星级大宾馆还好，里面还摆放着各种各样的香水、擦脸油，以供客人洗手、洗脸用。尤其是，他在厕所里安排了十多个身穿锦衣的女仆恭立侍候，这些侍女个个打扮得美丽娇艳，列队侍候客人大小便。为防臭味污染，每次客人上完厕所，这些婢女们就要客人把原来穿的衣服脱下，换上新衣。这下，搞得来访的客人多憋着肚子，不好意思再上厕所了。

这些客人也真够悲催的，也不怕憋出个好歹来。

当时有个叫刘寮的，年少时家境贫寒，出去旅行住在别人家里，砍柴挑水自己动手，从不麻烦主人。后来虽然官位

财富不是灾祸

炫富招来灾祸

高了，但仍保持勤俭节约的品德。有一次，他到石崇家去拜访，正聊得兴起，突然想去厕所。一入厕，发现人家厕所里不但置有蚊帐、垫子、褥子等极讲究的陈设，而且还有婢女捧着香袋侍候，紧张得一捂肚子，屎也不拉了，提着裤子就跑了出来，满脸涨红地对石崇说：“真是对不起，我不小心错进了你的内室了。”石崇看了他一眼，轻轻地说：“那就是厕所！”刘寮虽然听说过石崇家的厕所非常豪华，但仍然想不到是这般模样，连声说：“哎呦，我可享受不了这个。”说完，就提着裤子，撇进邻居家的厕所，方便去了。

没天理，没人性啊！想想一千七百年后的今天我们学校里的厕所还经常没电、停水、天花板漏水，进一次也让你难忘终生呢。真是人比人，气死人啊！

当然，我知道，厕所还不算什么。人家石崇经常在家里会客，每次都让侍女在旁边陪酒。如果客人不喝，他就杀掉那个侍女。可见，富裕不可怕，可怕的是炫富。人家石崇炫富到杀人的地步，确非一般人所能比。但有一条确信无疑，就是大凡炫富的人，多属于要进精神科的人。

有一次，当时的皇帝——晋武帝得到了一块西域进贡的火浣布，于是就把这块火浣布做成衣服，穿着去石崇家显摆。那意思是，这是西域贡品，在我们这里找不到的，看你还怎么牛？结果，一到石崇家，却发现石崇的确穿着非常普通的衣服出来迎接了，正在暗暗得意之际，却发现伴随石崇出来迎接的五十个奴仆，个个都穿着火浣布做的衣服，这位高明的晋武帝见状，气得差点背过气去。

我想对晋武帝说："兄弟，人还是有点自知之明好……"

石崇权大钱多，自然小老婆就多。他的小老婆多得数不胜数，仅漂亮的就有一千多人。他不可能个个都照顾得到，就抓重点，从中选出模样相似的十个人，穿上一样的衣服，一样的妆容，让人根本分辨不出来，借以人前显摆。石崇还雕刻了玉龙佩，制作了凤凰钗，让他的小老婆们戴上，每次召见她们，也不呼姓名，就靠听佩声、看钗色。佩声轻的居前，钗色艳的在后，次第而进。这些美女们，个个口含异香，谈笑之间风都香了。他还在象牙床上撒上沉香屑，让宠爱的小老婆们踏在上面，没有留下脚印的，赐珍珠一百粒；留下脚印的，就让她们节制饮食，以使体质轻美。他的小老婆们都说："快快减肥啊！若不是细骨轻躯，哪里能得到百粒珍珠呢？"

当时的社会风气，攀比之风盛行，比现在差不到哪里去。有一次，石崇与一名叫王恺的人比富。这王恺，是晋武帝的亲舅舅，在得到晋武帝的资助后开始和石崇争强。为表明自己富贵，王恺在吃完饭后用糖水洗锅刷碗；石崇听说后，就用蜡烛当柴火烧饭，你可知道，蜡烛不同于现在的天然气，在当时可是用来照明的珍贵物品啊。王恺做了一块紫丝布步障，有四十里长；石崇听说后，便做了一个五十里长的，比王恺的长十里。王恺找到一种名叫"赤石脂"的珍奇物品，作为油漆涂墙；石崇便把花椒捣碎了涂在墙上。你可知道，花椒当时只产于四川，在中原异常珍贵。让人搞不懂的是，花椒捣碎了涂在墙上的麻辣味道，我的那个老天，不把人熏死才怪呢！

皇帝就是皇帝，那位缺少自知之明的晋武帝，自从被石崇羞辱过后，一直怀恨在心。作为皇帝，自己如何摆谱露富都看得惯，可就是看不惯石崇那一副小人得志的样儿，于是暗中帮助王恺，赐了王恺一株珊瑚树，高二尺，让王恺抬着这株珊瑚去石崇家，向石崇炫耀。

没想到这一炫耀，刺激得石崇先生怒从心起，挥起铁如意，将珊瑚树打得粉碎。砸得王恺两眼瞪得老大，心疼得要死，心想：“你小子嫉妒我的珊瑚，竟然动上了家伙，砸坏了，看你赔得起赔不起！”就见石崇砸完，拍了拍王恺的肩膀，大喊一声，叫仆人一下取来了六七株珊瑚树。这些珊瑚树，每株均高三四尺，比皇帝赐给王恺的那株要大得多。这下，晋武帝和王恺傻眼了。

大家都知道豆粥很难煮，可在石崇家，一切皆有可能。只要客人想喝豆粥，他吩咐一声，没两分钟，热气腾腾的豆粥就被端上桌来。要知道，那个年代是没有高压锅的。

大冬天，在石崇家还可以吃到新鲜的韭菜沫儿。在那个年代，一千四五百年之前，既没有保鲜的冰箱，也没有温室大棚，能在冬天吃到鲜韭菜沫儿，就好比在今天停电了还能亮灯一样。

石崇过得太“讲究”了，让我这个21世纪的现代人都感到活得有些惶恐了。

比富大仙王恺对石崇有很多用钱也买不到的东西十分惊奇，于是花钱买通了石崇的一个仆人，想了解个究竟。仆人说："豆粥的确非常难熬，我们是先把豆子炒熟，磨成粉末，等客人想吃豆粥时，先熬好一锅白米粥，然后再把豆沫放进去就好了。做韭菜沫儿也是这样，到冬天时，先把韭菜根捣碎，掺和在麦苗里，就成了翠绿翠绿的韭菜沫儿。"

听了这些方法，王恺觉得非常开心。于是他马上命令下人效仿，终于可以做到与石崇势均力敌、分庭抗礼了。这下该轮到石崇纳闷了：王恺那小子什么时候变聪明了？经过调查，了解到原来是有人出卖了他，非常生气，便击杀了那个告密的人。

本来，享受生活不是坏事，可石崇这种行为哪里是在享受生活，分明是在得瑟，是当了皇帝就卖江山的寄生虫。他的这种行为就好比一个人有钱后，买一辆大公交车，专门行驶在公交专用车道上，还专门到公交站牌旁停下来，等有人想上车了，他就说：对不起，这是私家车。

以此我也可以幻想一下，等我有钱了，我就买两辆宝马，一辆在前面开道，一辆在后面护驾，我在中间骑山寨自行车；等我有钱了，我就建两个游泳池，一个专门洗头，一个专门涮脚；等我有钱了，我就修两个厕所，一个男一个女，我想上男厕所就上男厕所，想上女厕所就上女厕所。

在对待女人方面，石崇也是个炫美的主儿。他这个人，阅女无数，可就是没有一个跟他对上眼的。据说，万里长城不是秦始皇修的，而是石崇修的。石崇每见过一个姑娘，就在地上摆放一块砖头，万里长城就这样垒成了。直到，直到他遇见一个姑娘，一个不一样的姑娘。

石崇在一次打仗的时候，经过一个小镇，在那个小镇他见到了一个姑娘，一眼看中了她。石崇用珍珠买下了那个姑娘，给她取名为“绿珠”。就这样，两个人恩恩爱爱、快快乐乐地生活在一起。本以为，他们的童话故事从此可以延续一生，没想到天有不测风云，人有旦夕祸福，炫富带来的灾难来了，石崇先生被免职了！

有一个名叫孙秀的人，看到绿珠之后夜不能寐，由于以前石崇有权有势，他不敢跟石崇抢老婆，现在石崇玩完了，孙秀的狗熊胆气就上来了。他气势汹汹地找到石崇，向他要美女。石崇就叫出十几个如花似玉的姑娘，大方地说：“你随便挑吧！”

没想到孙秀却说：“这些姑娘都不错，可小人要的是绿珠，不知道哪个是？”

石崇勃然大怒：“绿珠是我的女人，你别想了。”

孙秀说：“君侯博古通今，请三思。”那言下之意是：“石崇，你已不比当年了，还是别那么横了！”

石崇还是坚决不同意。

孙秀回去之后，就向赵王司马伦说了石崇的不少坏话，劝司马伦杀了石崇。司马伦于是派兵诛杀石崇。

石崇一见灾祸难免，死期将至，就对绿珠长叹一声说道：“绿珠，现在因为你，我招来了杀身之祸。”

绿珠是个痴情的女子，明白事情已经难以两全，于是流着眼泪说：“愿效死于君前。”说完，跳楼而死。

绿珠，一个奇女子，就这样香消玉殒了。

石崇在临死之前，似乎非常后悔，他对押送他的人说：“他们都是因为钱财才杀我的。”押送他的人反问他说：“你既然知道是这样，在你有钱时，为什么不散尽家财，多做些好事？”

石崇无言。

石崇明白，虽然表面上他是因为绿珠而死，实际上却是死于炫富。

这件事情告诉我们一个道理：财富不一定是灾祸，而炫富终将招来祸患。

趣读秘笈

前段时间，一个山西富豪，花七千万元给女儿大办婚礼，引起世人侧目。富二代问题，已成了当今人们经常议论的重要话题。其实，炫富问题，在两晋时期就出现了，看看石崇，和当今的一些富人何其相似！

读史回放

潘岳妙有姿容，好神情。少时挟弹出洛阳道，妇人遇者，莫不连手共萦之。左太冲绝丑，亦复效岳游遨，于是群妪齐共乱唾之，委顿而返。

——刘义庆《世说新语·容止》

美男启示录

古代的文学作品中，常常用“美如宋玉、貌若潘安”来形容男子的美貌。

才子一：潘安

类型：酷男

特点：忧郁

特长：书法、写作

潘安，姓潘，名岳，字安仁。

看到这儿，你可能就奇怪了，为什么潘安叫潘安，而不叫潘安仁呢？

一种说法是省读，把潘安仁省略成为潘安；一种说法是由于他在政治上站错了队，跟了历史上臭名昭著的皇后贾南风，以至于坏事做尽，没有“仁”可言，以至于人们把他的“仁”字给省略了。

潘安生活在魏晋南北朝，那是一个以阴柔为美的时期。那时候的男子非常时尚，比如说剃须、敷粉、熏香，样样爱干。先说剃须吧，要知道古人剃须是非常时髦、另类的一件事，因为“身体发肤受之父母”的观念深入人心，不是说剃就能剃的，更何况，中国历史上大部分时期都是以长须为美的，比如说三国的美髯公关羽，还有隋唐志中的髯须客等等。敷粉就更不用说了，跟现在女人扑粉似的。熏香，也是现代人难以想象的，一个大男人，身上花香飘飘，搞得跟香妃似的，让人难以接受。

每个年代都有自己的审美标准，那个时代，就是这样的风尚。

关于潘安的美貌，史书上只有寥寥不多的字来记载“美姿仪”。据《世说新语》记载，潘安每次出去游玩，都有一大群女粉丝，追着潘安的马车跑，往他的车里扔水果，于是乎，便有了“掷果盈车”这个成语。

当时，潘安被人称为檀郎。要知道，在中国历史上，凡是能被称为“郎”的人，多长得很帅。三国的周瑜周公瑾，被称为“周郎”；唐朝的张昌宗（武则天的面首），被称为“六郎”；就连古龙的小说里的“萧十一郎”，长得也很漂亮。

潘安，则成了“郎”中的最高境界，不是潘郎，而是被称为“檀郎”。这个词，被后世用来代指美男。

长得漂亮是优势
活得漂亮是本事

潘安这个人，不仅长得帅，而且艺术气质好，他还有一项技能，就是书法，尤其擅长狂草。而且，他还可以模仿别人的字迹。贾南风的党羽为扳倒太子，准备了一篇文章，这篇文章表面上看是一篇“祭神”的文章，实际上是一篇谋逆之文。他们趁太子酒醉的时候，让太子抄写一遍。太子也就糊里糊涂地抄写了。下来后，他们又让潘安模仿着抄写下来，稍加修改，成了一篇谋逆的文章。这个事件，最终导致了太子被废，太子的生母被处死。

当然，最终潘安也没得什么好下场，八王之乱后，赵王司马伦收拾了他的几个兄弟，然后把潘安“灭三族”。灭三族，就是指父族、平辈、儿子辈这三族，全都死翘翘了。

但要说潘安这个人没什么优点，还真冤枉他了，这个人用情专一，孝顺父母……

男人有钱就学坏，这似乎成了一个真理。潘安不但有钱，而且有权，按说更容易学坏，可他没有。尤其是，他不但有钱有权，而且还有魅力，还有众多粉丝，很多女孩儿都追求他。要知道，在中国历史上也不过就一个“坐怀不乱”的柳下惠！而潘安，却与他的妻子感情甚笃，就在妻子去世一年之后，在他要离开家乡时，还给妻子写了三首《悼亡词》。据说这三首《悼亡词》，开创了中国文学表达的新方式，在中国文学史上占有重要地位。

从潘安的故事中，我们得到的启示是：“长得漂亮是优势，活得漂亮是本事。”

才子二：宋玉

类型：才子

特长：口才好

为什么说宋玉是一个才子呢？我跟大家一提他的千古名文就清楚，《登徒子好色赋》就是他写的！

听到登徒子是不是很耳熟呢？现在一般说色狼，说得文绉绉一点就叫做“登徒子”。

这篇文章究竟是怎么来的呢？话说有一天，登徒子跟楚王说宋玉的坏话：“王啊，宋玉这个人，不仅长得十分英俊，能说会道，而且还生性好色，所以，千万不要让他进入您的后宫！”

楚王于是就质问宋玉，是不是这样的。于是宋玉就写了这篇《登徒子好色赋》，来回敬登徒子。文章大意是这样的：天下美女莫过于楚国的，而楚国美女莫过于我的家乡的，家乡的美女莫过于我家东北的美女。说白了，就是说，天下第一大美人儿是我邻居！而这里的美人有多美呢？就是“增之一分则太长，减之一分则太短；著粉则太白，施朱则太赤。眉如翠羽，肌如白雪，腰如束素，齿如含贝。”而就是这样一个大美人，在墙头看了我三年，我却一直没有动心，照他的说法是“至今未许”也。接着，宋玉又对登徒子家中养“丑妻”进行了不遗余力地攻击。说登徒子家中的这个丑妻，据说长着一头乱发，一对畸形耳朵，嘴唇外翻，牙齿不齐，驼背，走路一瘸一拐，而且还满身疥疮。就这么一个丑人，登徒子居然还非常喜欢她，和她生了五个孩子。也就是说，只要是个女人，登徒子就喜欢。楚王，你说，谁更好色呢！

最后，楚王得出结论，登徒子才是一个好色之徒！

照我看，楚王完全是个糊涂虫啊！宋玉完全是偷换概念，而且这一偷换，后来两千多年中登徒子都翻不了身，有了一个好色的坏名声。从这里可以看出，宋玉的口才真不是瞎吹的啊。

但由于宋玉嘴巴没有把门的，所以一生不得志，最后归乡孤独终老。

从宋玉的故事中，我们得到的启示是：“有智慧的人，总是把嘴巴放在心里；而愚昧之人，反而把心放在嘴巴里。”

趣读秘笈

类比，是读史的一个好方法。在读美男人潘安传记时，我将历史上的另外一个美男人宋玉放到一起，进行比较。发现这两个美男的共同之处：都长得很美，都很有文采，都政治失意。

读史回放

婉儿始生，与母配掖廷。天性韶警，善文章。年十四，武后召见，有所制作，若素构。自通天以来，内掌诏命，掞丽可观。尝忤旨当诛，后惜其才，止黥而不杀也。然群臣奏议及天下事皆与之。

——宋祁　欧阳修《新唐书·列传第一》

上官婉儿的大明宫

想起这个女孩儿，我心中总是涌起一种说不清道不明的滋味。上官婉儿，就像这个世界上所有的女人一样，复杂而多变，让人捉摸不透。

你不能用一个词语来概括她的一生，因为她经历的太多太多。她经历了太多的爱，也经历了太多的恨；她经历了太多的“人生”，也扮演了太多的“角色”。

她的人生，就像是一场梦，一场大梦。据说上官婉儿的妈妈在十月怀胎时，梦见一个神仙送给她一杆秤，并说道：“持此称天下之士。”醒来之后，上官婉儿的妈妈就找来一个算命的道士给她解梦。那道士掐指一算，面带喜色说：“恭喜，这个将出世的孩子，必是一个掌握大权衡量天下人才的人！”

结果，等到孩子出生，却发现是个女孩儿。这着实让家

大明宫
这里有的
只有功利得失

人大失所望，认为一个女孩子怎么能像道士所说的那样腾达呢，这个道士一定是个骗子。

但不管这个孩子是男是女，命运仿佛早已安排好了一切。上官婉儿出生不久，她的祖父上官仪因为替唐高宗起草废武则天的诏书，被武则天判了个株连九族的大罪。由于上官婉儿是个女孩儿，侥幸存活下来，但也被老妈抱进宫，成了大明宫中最小的奴隶。

襁褓中的上官婉儿此时并不知道，从抱进宫墙的那一瞬间，她的命运发生了巨大的改变。

在宫中，上官婉儿从小跟着女官念书识字，慢慢长大，并出落成一个妖冶艳丽，秀美轻盈，一颦一笑自成风度的女孩儿。

十四岁那年，她的文采被武则天发现，并得到了武则天的赏识，武则天下令免去她的奴隶身份，任命她为掌事。

十九岁时，她经常伴在武则天的身边，帮助武则天起草诏书，诏书经武则天过目便可颁行天下。上官婉儿，也逐渐成了大明宫中第二个能够接触政治权力的女人。

按理说，上官婉儿一家人都是被武则天所杀，她与武则天有不共戴天之仇，怎么会死心塌地地辅佐武则天呢？按理说，上官婉儿的家人是武则天钦定所杀，武则天又怎么会相信一个被杀罪臣的后代，让她近身，把天下大事交给她呢？

有人说，这就是命运，是由两个女人的性格和当时的形势决定的宿命。对于大气的武则天而言，当时的宫廷形势，使她宁愿相信仇人的女儿，也不肯相信某个男人；对上官婉儿而言，得一人得天下，要想实现自己的理想，满足自己的愿望，就必须依赖武则天，利用武则天，辅佐武则天。

有人说，这是因为武则天独具的魄力，以及上官婉儿的长远眼光造成的。武则天能任用上官婉儿，正体现了她的任人唯贤，她的与众不同，她的帝王胸襟。从小在大明宫中长大的上官婉儿，对于投靠武则天的利害关系，更是瞧得一清二楚。她从小就生活在这冷漠的宫墙内，早已看惯了勾心斗角和尔虞我诈，更明白利益与道义哪个更重要。

不管是因为什么，两个聪明的女人就这样保持了微妙的合作关系。

随王伴驾，更须事事小心，因为伴君如伴虎，倒霉的事随时就会到来。上官婉儿不仅是一个才女，还是一个大美女。但就是这样一个近乎完美的人，在二十六岁那年，武则天的男宠薛怀义因为被武则天厌弃感到痛苦，求见武则天，上官婉儿不予通报，一气之下一把火烧毁了明堂（一座非常豪华的寺庙）。武则天知道后非常生气，认为都是上官婉儿惹的祸，于是下诏在她的脸上刻了两个字："忤旨"。

一个二十六岁的漂亮女人，脸上被刺了字，心中的悲哀与无奈可想而知。在这点上，上官婉儿简直就是一个大丈夫，她把这份屈辱生生地吞下，从此素衣打扮，再不梳妆照镜，并且，更加小心翼翼地侍奉，曲意迎合，继续取得武则天的信任。

这个大明宫，不仅教给了上官婉儿圆滑老练，而且还给了她缠绵悱恻的爱情。上官婉儿的一生，与很多男人有感情纠葛。唐中宗迷恋婉儿，婉儿是唐中宗的妻子“昭仪”，但她的最爱却不是中宗，而是唐代宗的幼子李逸。而李逸却喜欢武则天的侄女武玄霜，不是婉儿。最爱上官婉儿的是一个名叫长孙泰的大臣，而长孙泰的妹妹，又恰好是李逸的妻子。

真是乱套，说都说不清楚了！这是几角恋啊！但不管是三角、四角还是五角，有一点可以肯定，上官婉儿也曾经年轻过，也像世界上所有的女孩子一样，有一个浪漫的爱情梦。

但大明宫中是不允许做梦的。在感情与理智的博弈中，上官婉儿最后还是选择了后者。她最终从纠缠的感情中脱身，嫁给了武则天的侄子武三思。

后来武则天死了，上官婉儿就与韦后联合乱朝，继续掌握权力。最后，唐玄宗带兵攻入长安，上官婉儿被杀死。

这个女人在四十六岁时，走完了她的一生。

这个女人太复杂了，复杂得让人难以置信。她妖冶艳丽，秀美轻盈；一颦一笑，自成风度。她“认贼作父”，玩弄权术，竟然与杀父仇人共事了二十六年。

与年长的圆滑精明、步履薄冰的上官婉儿相比，我更喜欢年轻时候的上官婉儿，那个会哭、会笑、会爱、会恨的上官婉儿。可她老得太快了，也许就像杜拉斯说的那样：“太晚了，太晚了，在我这一生中，这未免来得太早，也过于匆匆。才十八岁，就已经是太迟了。在十八岁和二十五岁之间，我原来的面貌早已不知去向，我在十八岁的时候就变老了。”

也许，爱与恨对于这个大明宫来说，都太奢侈了。这里有的，只有功利得失。

趣读秘笈

女人搞政治，往往是不得已而为之。而女人一旦搞上了政治，也就不可爱了。从上官婉儿的人生经历中，我们可以看出，做个可爱的女人吧，别做女政治家。

读史回放

开元已来，豪贵雄盛，无如杨氏之比也。玄宗凡有游幸，贵妃无不随侍，乘马则高力士执辔授鞭。宫中供贵妃院织锦刺绣之工，凡七百人，其雕刻熔造，又数百人。扬、益、岭表刺史，必求良工造作奇器异服，以奉贵妃献贺，因致擢居显位。

——刘昫《旧唐书·列传第一》

杨玉环是一个玩偶

在别人眼里，杨玉环是一个享受爱情的幸福女人，而我却认为，她是一个非常悲哀的女人，是一个男人的玩偶。

她在十岁那年，父亲去世，由叔父养大。十七岁时，被选为寿王妃，和寿王李瑁，即唐玄宗李隆基的第十八子，在一起恩恩爱爱生活了五年。

就在此时，新鲜事出现了，杨玉环竟然被风流皇帝、她的公爹唐玄宗看上，这位唐玄宗竟想把她占为己有。古人说女人是衣服，那杨玉环就是寿王穿不起的名牌。于是，作为女道士，杨玉环被唐玄宗召进宫内，成了唐玄宗最宠爱的女人，并在二十七岁时被封为贵妃。从此，她有了另一个大众称呼——“杨贵妃”。

杨玉环，是一个传奇。

因为她爱吃荔枝，唐玄宗就命人从岭南快马加鞭，送荔枝到长安，这才有了“一骑红尘妃子笑，无人知是荔枝来”的诗句，荔枝从此也被人称之为“妃子笑”；因为她备受宠爱，所以家中的三个姐妹都被唐玄宗封为夫人，从此有了“姊妹弟兄皆列土，可怜光彩生门户”的诗句；因为她长得太美，低头时花儿都不开，所以人们称她生有“闭月羞花”之貌。

从这些传奇故事中，可以看出杨贵妃似乎是多么多么幸福的一个女人啊！

可历史事实却并非如此！

你看，杨贵妃初见唐玄宗时，是开元二十八年，她，二十二岁，风华正茂，而唐玄宗，已经五十六岁，是一个不折不扣的糟老头子。

即使我承认年龄不是爱情的差距，但你说，人家一刚刚嫁人的小媳妇，夫妻二人正恩恩爱爱的，突然就被公爹插进一杠子，愣逼着人家出家再改嫁，杨玉环该是什么感受！出家也就算了，剪断三千烦恼丝，但还得被逼着嫁给一糟老头子，这老头子还是她前夫的爹！你说她心里是什么感受！嫁了也就算了，嫁鸡随鸡，嫁狗随狗了，可这糟老头子又将她三姐妹都包了。你说，在强作欢笑的同时，她杨玉环心里是什么感受！

当然，嫁给皇帝也有不少好处，那就是一人得道，鸡犬升天。整个杨氏家族，随着杨玉环成了杨贵妃，迅速地显贵

君王若是有情时
马嵬岂不同生死

显荣。杨国忠，杨玉环的哥哥，不仅做了宰相，而且还身兼四十余个重要职务，什么御史大夫、判度支、专判度节支事等等，都做全啦……真可谓权势中天。

其实，人生就像玩电脑，虽然可以快乐到死，但电脑这玩意儿，说死机就死机，死机没商量。虽然杨家腾达了，表面上平平静静，但实际上早已暗流汹涌。

杨家的好景不长，开元五十六年，安史之乱爆发。唐玄宗李隆基带着众大臣和皇家卫队，飞也似地逃出了长安城。第三天，到达了一个叫马嵬驿的地方。当时，护驾的将士们又饿又累，竟然对皇帝的脾气也不同寻常，火爆起来。大将军陈玄礼认为，大祸都是杨国忠惹出来的，想要解决问题，必须诛杀杨国忠。这下，杨国忠的好日子到头了，还没等皇帝决定是不是要杀掉他，禁卫军将士就已经按捺不住了，他们拦住骑在马上的杨国忠，诉苦说没有饭吃，杨国忠还没有插言，就听有士卒呼喊：“杨国忠联合蛮夷叛变了！”马上，一箭从士兵群中射出，正中杨国忠的马鞍。杨国忠惊骇万分，从马上摔了下来，慌忙逃到驿站西门。追杀的士兵们在后面一拥而上，将这个杨国忠乱刀砍死，大卸八块，剁掉他的四肢，并砍下他的头颅用长枪挑起，插在驿站的门楼上。接着，将士们又杀了杨国忠的儿子，以及杨玉环的两个姐妹——韩国夫人和秦国夫人。

唐玄宗听到大帐外人声喧哗，便问发生了什么事情。侍从回答说，杨国忠叛变了。这位李隆基皇帝，忙拄上拐杖，穿着便鞋，到帐外安慰士卒。

大将军陈玄礼说：“杨国忠叛变，已被杀死，请求皇上忍痛割爱，将他的妹妹杨贵妃也处死，以见证司法公正。”

李隆基说：“玉环一直住在深宫之中，怎么会知道杨国忠叛变的密谋呢？”

太监高力士说：“贵妃自然是无罪的了。但将士们已经杀了杨国忠，如今杨贵妃还在皇上身边，这叫士卒们如何放心？要知道众怒难犯。请皇帝陛下三思，将士安心，陛下才能安全。”

这是什么意思，就是说，将士们已经杀了杨国忠，但是怕杨贵妃日后报复，所以必须斩草除根！

在生死抉择面前，风流皇帝李隆基的爱情跑光了，他迟疑了一下，命高力士将杨玉环带到佛堂，将她绞死。

这一年，杨玉环三十八岁，李隆基七十二岁。

据我理解，这位所谓多情、重情、留下千古爱情佳话的宝贝皇帝李隆基一定这样想：宝贝，你放心地死吧，我不会眼睁睁地看着你去死的，我会闭上眼睛的！

我对杨玉环之死一直特别惊诧：为什么这样一个无情无义、薄情寡义的混账皇帝，竟然被后人描绘成一个痴情的种子！要知道，当时的情景并不是无力回天，只要唐玄宗不愿意杀死杨玉环，作为皇帝的他是有可能做到的，可他为什么连坚持一下的勇气都没有？如果坚持而无用，他像西楚霸王项羽一样自刎乌江，与虞姬同死，那作为一个痴情皇帝倒也名副其实。可李隆基皇帝没有这样做，他亲自把杨玉环推向了死亡。如果有人说他是无可奈何，我认为不过是借口罢了。

看到这里，我想起了读过的一首诗：

七月鹊桥初驾日，长生殿前人双至。
比翼连理渡银河，海誓山盟谁逾此。
全仗恩爱护终身，身尚未终恩爱止。
君王若是有情时，马嵬怎不同生死？

趣读秘笈

历史原来很好玩，这是写《明朝那些事儿》的作者当年明月的一句话。其实，读杨玉环的故事，就非常好玩。并且在玩中，读出了这个大富大贵女人的辛酸——她是一个玩偶。

读史回放

治乱，时也；存亡，势也。使桀、纣在上，虽十尧不能治；使尧、舜在上，虽十桀不能乱；使懦夫女子乘时得势，亦足坐制群生之命，肆行不义之威。观夫武氏称制之年，英才接轸，靡不痛心于家索，扼腕于朝危，竟不能报先帝之恩，卫吾君之子。俄至无辜被陷，引颈就诛，天地为笼，去将安所？悲夫！

——刘昫《旧唐书·本纪第六》

容易受伤的女人

一个女人，以这样的方式走进了我的视线：尽管我知道她是浩瀚五千年中国历史上唯一的一位女皇帝，一位绝顶英明、绝顶狠毒、绝顶复杂的女人，但还是对她的政治机变与难以捉摸感到震惊不已。

林语堂老先生写了一本书叫《武则天》，书中从武则天入宫写到去世，全面反映了她的一生。这位道德的林语堂老先生对“无德”的武则天非常不感冒。他这样描写武则天：

我缓缓地合上书，脑海中浮现出这个女人的一生。

武则天，十三岁进宫，后成为李世民的姬妾之一。人们都说进宫好，进宫可以当皇后，然后“姊妹弟兄皆列土，可怜光彩生门户。遂令天下父母心，不重生男重生女”。但还有一句

女皇
容易受伤的女人
儿子

话叫“一入侯门深似海”，遗憾的是武则天不是杨贵妃，她恰恰属于后者。当时她是“才人”。才人是个什么位置呢？唐朝的姬妾有十九级：惠妃、淑妃、德妃、贤妃、昭仪、昭容、昭媛、修仪、修容、修媛、充仪、充容、充媛、婕妤、美人、才人、宝林、御女、采女。武则天当时就位于第十六级，是一个才人。请大家注意，当时才人这一级不是只有一个人，而是九个。对于武则天而言，这是一个没有前途的未来，此时，武则天就像一只玻璃窗上的苍蝇，前途一片光明，她却找不到出路。

而且，就如打麻将，作为一个卒，她的点还非常背，就在她二十六岁那年，她的男人李世民去世了。

依照当时规定，在皇帝死后妻子要削发为尼，青灯古佛，了却余生。于是，武则天被发配到了感业寺。

想当初李治在当太子的时候，进宫看望他老爸李世民，无意中一眼看到了武则天，就被她深深地吸引住了，也许就像歌词《传奇》中唱的那样：只是因为在人群中多看了你一眼，再也没能忘掉你容颜。对武则天而言，这个传奇可能仅仅是为自保，而非爱情。就在李世民死后一年，李治去感业寺烧香，突然又看到了那张熟悉的容颜，武则天也看到了李治，二人不禁执手感怀，掉下泪来，这泪都是真的。于是，一个更加传奇的传奇就这样又一次上演了。

当时，李治的大老婆王皇后正在与他的小老婆萧淑妃争宠，为打击敌人，在了解了武则天的情况后，王皇后就把武则天接进了宫，以此扳倒萧淑妃。

果然，王皇后开心地发现，萧淑妃失宠了；再后来，王皇后悲哀地发现，失宠的不仅有萧淑妃，而且还有自己；再再后来，三个女人之间的战争开始了。

这是一场空前惨烈（因为不是你死就是我亡），而又难以预料（因为她们取胜的唯一筹码就是皇帝的喜爱）的战争。在这场战争中，武则天招法最狠，付出的最多，却也取得了最终胜利。她付出的，竟然是她一生中最为人诟病的污点：她亲手掐死了自己的亲生女儿！

而失败者王皇后和萧淑妃，被各打一百棍，砍断手足，投入酒缸，哀号而死。

胜利者的武则天从胜利走向胜利，期望登上皇后的宝座，不料却遭到了众大臣的反对，而反对的主要人物正是大名鼎鼎的长孙无忌与褚遂良。通过一番争斗，武则天又取胜了。

李治有头痛的毛病，疼痛时眼睛睁不开，处理朝政有困难，这给了武则天一个大机会，于是她和李治一同出现在朝堂上，由大臣们对政事进行报告，然后由武则天与皇帝共同进行裁决。当然，真正拿主意的，是武则天。

公元683年，李治驾鹤西去。李显（武则天和李治的三儿子）继位。继位仅三个月，即被罢黜，由四儿子李旦当了皇帝。七年后，公元690年，李旦也被罢黜。这次，武则天干脆皇后、皇太后什么都不要了，自己登上了皇帝的宝座。自此，中国历史上第一位女皇帝出现了。

从十三岁进宫，到名正言顺地当上天下主人，武则天用了整整五十四年。而此时，她已经六十七岁，也可以算得上是赢得生前身后名了。

当然，女人当皇帝，落下的更多是“骂名”。

在林语堂先生的《武则天》的最后，有一个附录，分别是武后谋杀表一、武后谋杀表二和武后谋杀表三。其中，包括她一个亲生女儿（被亲手掐死），两个亲生儿子（被毒死和治死罪），以及一个孙子（被鞭子抽死）。

大量的史书都这样评价她：“如此猛烈的毒性，使一个母亲和祖母疯狂成武则天这种样子。”

但我想说，武则天是狠毒了点，但如果不毒，还能成就历史上的武则天吗？一个女人，十三岁进宫，被皇家要了扔，扔了要，被同类嫉妒残害；执掌朝政摆平大臣，治理天下造福百姓，且干得非常漂亮，历经五十四年终于于六十七岁改天换地，登上皇位，是多么的不容易啊！真的非常不容易。

你说，要是你，十三岁就背井离乡，离开父母双亲，只身来到皇宫，经历世态炎凉，受尽皇家冷暖，用十三年好不容易熬到了一个十二级老婆的位置，有人告知你丈夫死了，你这辈子玩完了，你得出家了，你该怎么办，你那年可才二十六岁啊。

你说，要是你，有两个跟你争风吃醋的女人，不是你把她们砍断手足，投入酒缸，就是她们把你砍断手足，扔进酒缸，你怎么办？

你说，要是你，好不容易打败了其他女人，准备当皇上的大老婆，你丈夫手下两个打工仔横竖不同意，他们一个叫长孙无忌，一个叫褚遂良，并且非说你是个祸害，扬言要整死你，你怎么办？

你说，要是你，好不容易搞平了外边，回家以后，发现你儿子嫌你管得太多，天天盼着你死，你怎么办？

你说，要是你，一个才华横溢、治国有方的女人准备当皇帝时，却遇上一个全世界都反对你的时代，所有的人都反对你，所有的官员都反对你，所有的儒家学派的礼教都反对你，你怎么办？

可见是那个吃人、偏见的社会，一步一步地把武则天逼上了绝境，往死里逼。为了不死，为了体现人生价值，她毫不留情地搬掉成功路上的绊脚石，杀掉一个又一个的敌人，甚至杀掉自己的挚爱骨肉。就这样，她，成了一个女魔头。

可为什么唐太宗弑兄，雍正杀亲，他们个个都成了英明皇帝；而武则天，则成为一个恶毒女人，一个十恶不赦的女人，就凭她是一个女人？

女人当皇帝，就这一手，武则天就成了中国历史上一个容易受伤的女人。

趣读秘笈

读史，既要学知识，更要明事理。明事理的最好办法，就是不人云亦云，将历史人物还原成人，设身处地，换位思考，就会得出自己的判断。就如本文对武则天的认识。

读史回放

郗太傅在京口，遣门生与王丞相书，求女婿。丞相语郗信："君往东厢，任意选之。"门生归，白郗曰："王家诸郎亦皆可嘉，闻来觅婿，咸自矜持，唯有一郎在东床上。坦腹卧，如不闻。"郗公云："正此好！"访之，乃是逸少，因嫁女与焉。

——刘义庆《世说新语·雅量》

潇洒人生王羲之

提起中国书法，提起晋朝，躲不过一个人，此人就是大名鼎鼎的王羲之。此人的书法，地球人都知道，可谓神乎其神。据说他写的那篇《兰亭集序》，里面的每一个"之"字都不一样，各有风韵。

《兰亭集序》大家高中课本上学过，我就不多说了。我们来说一说他写的《雨后初晴帖》。在这个帖上，王羲之大概写的是："雨后初晴，某某某你问我过得如何，我很好，请不要挂念。"现在大家明白了吧，这个帖不是什么大部头作品，而是王羲之随手写给朋友的一张便条。但就是这张小小的便条，临摹本被乾隆收藏，喻为《三希堂法帖》之一。且乾隆皇帝还专门修建了一座房子来呈放《三希堂法帖》。

右军本清真
潇洒出风尘

有一天，乾隆皇帝闲来赏字，看到王羲之的字，不禁心潮澎湃，按捺不住心中快意，就在《三希堂法帖》中批了一个大大的神字。请大家记住，这张让乾隆皇帝为之痴狂的字帖，仅仅是王羲之先生写给朋友的一张便条，而这张帖也因它开头的四个字“雨后初晴”，而被后人称为《雨后初晴帖》。

更为神奇的是，被中国人称为“书圣”的王羲之，竟没有一个字的真迹留落人间，我们仅仅知道的线索是，它们被痴爱王羲之书法的唐太宗带入了陵墓，与他的尸骨相伴了。

王羲之的婚事，可称得上文学史上的一段佳话。王羲之的叔叔王导和太尉郗鉴是好朋友。那时讲究门当户对，太尉对王导说：“我女儿年龄不小了，我想给她找一个婆家，想在你家的子弟中挑选出一人来当她的丈夫，不知可否？”王导应允，就把子弟们都叫到乌衣巷王府东厢房候选。当时正值盛夏，王氏子弟们都衣着整齐，在东厢房候选。太尉差了个使者相看，使者看后对太尉说：“王家的孩子不错，都衣着整齐地在东厢房候选，唯有一个人在东床上躺着，还袒露着肚子，自顾自地吃东西。”太尉听后，笑着点了点头：“这就是我的好女婿呀。”

于是，太尉就把女儿嫁给了王羲之。这个故事，就是成语“东床快婿”的由来。

如同武侠小说中的大侠学武功，王羲之习练书法也历经了一段非常曲折的故事。在《神雕侠侣》中，杨过遇到的是一只雕，于是武功大成。王羲之也遇到了一个飞禽，不过不是雕，而是一只鹅。

据说有一天清早，王羲之坐在一叶小舟里，静静地欣赏着美景。这时，一只水上游鹅引起了王羲之的注意，那只鹅的粉红脚掌一屈一伸，轻轻地拨水前行。渐渐地，王羲之看得入了神，此时他神奇地发现，“鹅脚掌拨水的动作和书法运笔的动作是一模一样的。”于是，他猛然大悟，写出的书法从此达到了登峰造极的地步。

有一次，王羲之听说山阴有个道士，养了一群雄壮轩昂的鹅，就跑去观看。不过请原谅，我实在无法想象什么叫“雄壮轩昂”的鹅。王羲之看这群鹅非常好，于是便想买回几只。而那个道士早就仰慕王羲之的书法，就说：“如果你能给我抄一遍《道德经》，我就把这些鹅全部送给你。”王羲之知道他的小算盘，但由于爱鹅心切，还是抄写了经文，然后笼鹅而去。李白有首诗叫《王右军》，讲的就是这个故事：

右军本清真，潇洒出风尘。
山阴过羽客，爱此好鹅宾。
扫素写道经，笔精妙入神。
书罢笼鹅去，何曾别主人。

王羲之年轻时风流潇洒，游戏人生，但在年老之后，却很难脱俗，开始服丹药，追求长生不老。这真是，潇洒人生也有不潇洒之处啊。

趣读秘笈

以古看今，以古人看今人，就会觉得历史有相似之处，读史也觉得有意思。

惬意人生、潇洒人生，是尘世间人们的追求与向往，但往往不容易做到。读了王羲之，就会觉得，只要做，还是能够做到的。

读史回放

伶常乘鹿车，携一壶酒，使人荷锸而随之，谓曰："死便埋我。"其遗形骸如此。尝渴甚，求酒于其妻。妻捐酒毁器，涕泣谏曰："君酒太过，非摄生之道，必宜断之。"伶曰："善！吾不能自禁，惟当祝鬼神自誓耳。便可具酒肉。"妻从之。伶跪祝曰："天生刘伶，以酒为名。一饮一斛，五斗解酲。妇人之言，慎不可听。"仍引酒御肉，隗然复醉。尝醉与俗人相忤，其人攘袂奋拳而往。伶徐曰："鸡肋不足以安尊拳。"其人笑而止。

——房玄龄、褚遂良等《晋书·刘伶传》

刘伶到底醉没醉

刘伶是中国历史上一个有名的酒徒，他嗜酒如命，见酒必喝，逢酒必醉，著有名篇《酒德颂》。在我看来，他可是历史上第一号的可爱人物。

刘伶是魏晋时期人，竹林七贤之一。由于爱喝酒，且从不知节制，经常喝醉，为此，他的老婆心疼他，不得不对他进行管束。有一天，他实在馋得难受，就向老婆讨酒喝。老婆一看这个该死的酒徒还要酒喝，顿时气不打一处来，不但不让他喝，而且还将酒坛子中的酒全部倒掉，又把酒杯、酒壶也噼里啪啦摔了个粉碎。摔完了，气消了，老婆对刘伶好言相劝道："你喝酒喝得太过分了，这样对身体不好，你一定要把酒戒掉！"

刘伶连忙点头："对对对，老婆你说得太对了！我一定戒！但我这个人管不住自己，只有对祖宗牌位赌咒发誓才能戒得掉，你去准备一下祭祖的酒肉吧。"老婆看他很有诚意，就赶紧准备了贡品，让刘伶面对祖宗牌位发誓。没想到刘伶跪在祖宗牌位前，念念有词地说："天生刘伶，以酒为命。一饮一斛，五斗解酲。妇人之言，慎不可听！"说完，端起祭祖的酒，一饮而尽。

横竖一个没治！

有一次，他喝醉了酒胡言乱语，跟镇上的人吵起架来，对方生气地卷起袖子，挥拳就要打他，刘伶却很镇定从容地说："我这像鸡肋般细瘦的身体，哪有地方可以安放老兄的拳头。"对方听了，再看看刘伶这又丑又矮的模样，大笑起来，拳头也放了下来。

刘伶嗜酒如命也就算了，可他经常喝醉，还大撒酒疯。经常在家里喝醉了，把衣服脱光，赤身裸体，手舞足蹈。有一次，正好有客人来访，见这一幕，甚是看不惯，就委婉地责怪他有伤风化。不想，刘伶振振有词地说："我把天当房，房当裤，我倒要问问，你怎么跑到我的裤裆里来了？"搞得客人无言以对。

醉了 还是没醉
酒

刘伶还经常坐着一辆由长颈鹿驾辕的车招摇过市，车上放着酒具，以备随时饮用，仆人则荷把锄头跟在车的后面跑。他对仆人说：“如果哪天我喝死了，就挖个坑把我埋了。”

综观刘伶一生，正处魏晋乱世，他在早年还因主张“无为而化”，被皇帝认为是“无益之策”，结果同辈们都升了高官，只有他被贬。刘伶放浪形骸，嗜酒如命，虽然被贬，却赢得一生逍遥自在，竟得善终。要知道，那个时期的文人，多因离政治太近而被杀。像他这种既一生快活，又得以善终的人，少之又少。从过后看，他如此以酒度日，放浪形骸，酒脱自然，是不是内心世界有什么难言之隐呢？

刘伶，你到底是醉了，还是没醉？

趣读秘笈

读史，就是品人，品人生。

难得糊涂，是一句我非常不喜欢的话。而在极其艰难恶劣的生存环境下，酒肉人生，放浪形骸，难得糊涂，不失为一种人生智慧。

读史回放

开言崇圣典，用武若通神。三国英雄士，四朝经济臣。屯兵驱虎豹，养子得麒麟。诸葛常谈美，能回天地春！

——罗贯中《三国演义》

司马懿是白脸奸臣吗

在三国两晋时期，司马懿与曹操一样，算得上是一代枭雄。他能征善战，足智多谋，有很强的军事指挥才能，是一位杰出的军事家。同时，他又富有政治韬略，阴险狡诈，残忍好杀，是历史上少有的政治野心家。

在戏曲的脸谱里，司马懿是一个标准的白脸奸臣。一提起他，人们往往会闪出一个包藏祸心，双手沾满鲜血的阴谋家形象。确实，由于司马懿多年经营，子孙的努力，司马家族最终窃取了曹魏政权，建立了西晋王朝。

“人之初，性本善。”没有一个人天生是恶人，是奸臣。司马懿一开始也是一个谦恭的好人，变成所谓“奸臣”，也是时事所迫，迫不得已。

建安六年，曹操已经四十七岁了，司马懿只有二十三岁。

两人开始第一次交锋。当时，曹操“挟天子以令诸侯”，又刚在与袁绍进行的官渡之战中取得了完胜。曹操非常高兴，就在战船上举行誓师大会，还慷慨赋诗，吟出著名的《短歌行》。

对酒当歌，人生几何？
譬如朝露，去日苦多。
慨当以慷，忧思难忘。
何以解忧，唯有杜康。
青青子衿，悠悠我心。
但为君故，沉吟至今。
呦呦鹿鸣，食野之苹。
我有嘉宾，鼓瑟吹笙。
明明如月，何时可掇。
忧从中来，不可断绝。
越陌度阡，枉用相存。
契阔谈宴，心念旧恩。
月明星稀，乌鹊南飞。
绕树三匝，何枝可依？
山不厌高，海不厌深。
周公吐哺，天下归心。

从那句“山不厌高，海不厌深。周公吐哺，天下归心”

皇帝昏庸
大臣为何不能替代

中不难看出曹操招贤纳士、广揽人才的胸怀。当时，曹操听说司马懿有才，就征召他做自己的属官。

但司马懿却不乐意，因为他瞧不起曹操。他瞧不起曹操“来路不正”，瞧不起曹操的出身，瞧不起他是宦官的儿子。于是司马懿就找了一个借口，说自己得了风痹，生活不能自理，不能当官理政，需要休息。风痹，是一种因中风引起的风瘫症，主要症状就是关节疼痛，半身不遂。

我们今天之所以能够知道距我们二千年前的古代发生了什么，都得益于史书。可紧接着史书上就记录了一件特别诡异的事。史书上称：曹操不信司马懿有病，就派人夜里前去刺探，看到司马懿卧床不起，一动不动，这才信以为真。我们且不说曹操派人去刺探司马懿，别人怎么会知道这类“安保问题”，就算曹操派人去刺探司马懿，为什么要挑晚上呢？谁晚上睡觉不是卧床不起，一动不动呢？这样的蠢事曹操也会信？

反正我不信。司马懿就是凭借这个借口，躲过了一劫，但也付出了极大的代价，他这一病就是六年，从二十三岁病到二十九岁。

躲过初一躲不过十五。建安十三年，曹操升任丞相，他又一次征召司马懿，不过这次他对派去的使者说：“如果这小子再推推拖拖，就把他抓起来！”迫于压力，司马懿只好就职。后来，曹操发现司马懿胸怀大志，不同凡人，又听说司马懿有一种“异象”——“狼顾相”。狼顾相是指人像狼一样，能把头转 180 度回头看。据说，有此面相的人，都是嗜血残忍的虎狼之辈，是翻脸无情的危险人物，可随时反咬一口、倒打一耙。

于是，曹操就找机会试探一下司马懿。有一天，他把司马懿叫来，让他走几步，走着走着，突然叫他的名字。司马懿猛一回头，脸正对着曹操，而整个身体竟然没有动！“果然是狼顾相！”从此，曹操开始提防司马懿。

据说，还有一天晚上，曹操做了一个梦，梦见“三马同食一槽”，就是三匹马同时在一个槽里吃草料。曹操有些迷信，认为三马是指司马氏三父子，而一槽则指曹氏家族。后来，曹操就想找借口除掉司马懿，都被机警的司马懿一一化解了。为取得保护，司马懿还找了一个很稳固的靠山，就是曹操的大儿子曹丕。

建安二十五年，曹操去世，司马懿总算松了一口大气。又过了几年，曹丕死亡，曹睿即位。再过十三年，曹睿也死了，曹芳即位。

常言说，谁能熬到最后，谁就是胜者。司马懿真能熬，一连熬死了曹家祖孙三代。你看曹操活了六十六岁，命不算短；曹丕就差点事，只活了四十岁；曹睿命更短，只活了三十五岁。你说你们祖孙三代智商一代比一代低也就算了，还一代比一代短命。司马懿倘若没有活得这么长，倘若他赶在曹睿之前就死掉，那他就没有机会“篡权夺位”了，在历史上也就留下一个忠臣的形象了。

司马懿为曹氏祖孙服务了三十多年，并成功地为祖孙三代送了终。而他自己命硬，活得久，所以笑到了最后。

且在这个过程中，司马懿辅佐曹丕统一了天下，辅佐曹睿，“每与大谋，辄有奇策”，可谓功绩卓著。在这里我仅举一例。

公元227年六月，明帝命司马懿驻扎宛城，加督荆、豫二州诸军事。此时他得到一个消息，降将孟达在新城与蜀丞相诸葛亮暗中通信，图谋叛魏。司马懿得知消息后，一方面给他去信，详为慰解，安抚住孟达，一方面亲自率军日夜兼程前去讨伐孟达。此时，两者相距八百里，司马懿竟在八天后奇兵直抵新城城下，将措手不及的孟达擒斩，传首京师，俘获万余人。

功劳决定位子。人家功劳太大，皇帝能力太差，能臣司马懿想“罢免”皇帝，给自己的儿子留一个江山，就是自然而然的了。只是，后人多不这么看，多从篡位的角度看司马懿，认为他是一个十足的大奸臣。

我记得在《射雕英雄传》中，有一段是描写“九阴真经”的作者黄裳的，他的命硬，把所有的仇敌都熬死了，所以他笑到了最后，取得了胜利。

孔子说过：“老而不死是为贼”，这句话用来形容活了七十三岁的司马懿，是再恰当不过的了。

一个能臣活得长，还夺了人家江山，这顶奸臣的帽子算给司马懿扣上了。历时近两千年，至今也没有摘掉。

白居易有首诗曾曰：周公恐惧流言日，王莽谦恭未篡时。向使当初身便死，一生真伪复谁知？

其实，评价历史人物，就不能简单地用所谓的忠臣奸臣来分辨。站在为百姓好的角度，皇帝昏庸，大臣为何不能替代？

趣读秘笈

比较法读史，是读史的一个好方法。

将《三国志》《三国演义》《晋书》等不同史书对司马懿的介绍、评价比较来读，事件就会更倾向于真实，人物就会清晰起来，评价就会倾向客观。

读史回放

太祖皇帝时，俶尝来朝，厚礼遣还国，俶喜，益以器服珍奇为献，不可胜数。太祖曰：“此吾帑中物尔，何用献为！”太平兴国三年，诏俶来朝，俶举族归于京师，国除。其后事具国史。

——欧阳修《新五代史·吴越世家》

雷峰塔背后的故事

在杭州西子湖畔，伫立着一座家喻户晓的佛塔，名叫雷峰塔。传说《白蛇传》中痴情的白娘子就是被好管闲事的法海和尚压在雷峰塔下，不能圆梦。

1924年的一天，西子湖畔的雷峰塔轰然倒塌，尘世中的人们纷纷前去观看，看塔底有没有传说中的白娘子。结果，白娘子没有发现，在废墟中却发现了一块石碑。

这块石碑，详细记述了建造雷峰塔的来龙去脉。在石碑的最后，写着一行字：吴越国王钱俶拜首谨书于经之尾。

原来，石碑上刻的是一位名叫钱俶的吴越国王亲手题的跋。这块石碑告诉我们，雷峰塔的建造和白娘子没有任何关系，而是有一段同样让人嘘唏的历史故事。

公元906年，大唐王朝结束了两百多年的统治，中国历史迎来了一个大分裂时期，史称五代十国。在这个时代，政权割据，战争频繁，而在中国东南的吴越王国，却是富庶和平，百姓日子殷实。

这个吴越王国，建立于公元895年，由镇东节度使钱缪平定两次战乱后创立，定都杭州，钱缪被封为吴越王。

钱缪信仰佛教，执政期间在吴越国内大兴佛寺，礼佛诵经，致使吴越国内青烟缭绕，梵音万里，杭州也被称为“东南佛国”。公元948年，钱缪去世十八年后，他的孙子，年仅二十岁的钱俶被拥立成王。在“尊奉中原，永不称帝”的政策下，免受战乱之苦的杭州如同世外桃源，安宁富庶。

与此同时，在中原地区却进行着一场翻天覆地的战争。公元960年，后周大将赵匡胤发动陈桥兵变，夺取政权，改国号为“宋”，北宋王朝建立。赵匡胤称帝之后，钱俶马上派使者到开封纳贡称臣。赵匡胤对钱俶十分礼遇，封他为天下兵马大将军。虽然如此，钱俶内心还是忐忑不安，因为他深知“狡兔死，走狗烹。飞鸟尽，良弓藏”的道理。

这时，中国南方除了吴越国之外，还有后蜀、荆湘、南唐、后汉等政权。赵匡胤在十年的时间里，相继灭掉后蜀、荆湘、后汉等国，北宋统一天下的大局已定。此时，在吴越和北宋之间还隔着一个王国，就是南唐。

南唐本来非常强大，但后期国势衰微，尤其是到南唐后主李煜即位时，国家已经十分衰弱。李煜对北宋政权十分恭顺，一直纳贡称臣，但一味的软弱并不能换来永久和平。不久，

窝囊皇帝
别杀百姓，
别杀百姓……

赵匡胤召李煜入朝。李煜担心有去无回，于是称病不去。

赵匡胤召李煜入朝，确实是一个陷阱。因为你如果不来，说明你不忠心，那我就可以名正言顺地打你；你如果来，那就扣留下来，作为人质，你也就一去不复返了。李煜“称病”，给了赵匡胤一个攻打南唐的借口，赵匡胤于是决定进攻南唐，且让吴越国出兵相助。

吴越王钱俶很清楚，南唐之后，就轮到吴越了。南唐的今天，就是吴越的明天。此时，笃信佛教的钱俶，在心中还挂念着一件祖传宝物，这件宝物就是——释迦牟尼的舍利子。

相传，释迦牟尼死后，尸体被火化。他的弟子在骨灰中发现了一些奇怪的晶体颗粒，这些晶体颗粒被称为舍利。之后，佛祖的真身舍利被分为四万八千份散到世界各地。据说有一部分传到了中国，而信仰佛教的吴越王国有幸得到了一枚佛祖头发舍利，人称“佛螺髻发”。

吴越国的前途不可预料，假如卷入战争，佛祖舍利很可能在战乱中流失。所以，吴越国王钱俶决定修建一座佛塔，将舍利子放到佛塔之下，用来保护佛祖舍利。这座塔，就是大名鼎鼎的雷峰塔。

路遥知马力，日久见人心。南唐灭亡之后，赵匡胤果然下了一道诏书，邀请吴越国王到开封一聚。赵匡胤表面看是一个绅士，其实是一只吃人恶狼！南唐的前车之鉴摆在眼前，钱俶不能不去。于是，钱俶踏上了开封之行。到达开封之后，钱俶受到了前所未有的礼遇，赵匡胤非常隆重地接待了钱俶，并建造了一座大的王府给钱俶住。王府的名字，就叫“召越馆”。第二年春天，赵匡胤似乎善心大发，竟允许放钱俶返回吴越。在钱俶临行之前，赵匡胤秘密赐给钱俶一个盒子，并告诉他离开开封之后再打开。

回到故乡，钱俶遵令打开盒子。打开一看，钱俶大吃一惊，原来里面都是大臣们要求扣留钱俶，不让钱俶回吴越的折子。钱俶明白，这是赵匡胤恩威并重的手段，“威”是告诉你，很多大臣是不想放你走的，若想要你留下来是非常简单的事情；“恩”是告诉你，即使如此，我还是大仁大义，放你回去了，你可不要犯糊涂啊。

直到此时，钱俶对于吴越王国的命运还抱有一丝侥幸：他想保住吴越附属国的地位。这时，雷峰塔已经建造了四层，照这样的速度，距雷锋塔竣工（十三层），还需要五年时间。

就在这一年，宋太祖赵匡胤毫无征兆地死去了。赵匡胤死后，其弟弟赵光义继承皇位。赵光义远没有兄长的胸怀与韬略，刚刚坐上皇位，就把吞并的目标瞄准了吴越王国。

钱俶陷入了愁苦之中。他深知，这回，吴越王国恐怕难以幸免了。摆在眼前的路有两条，要么战争，要么纳土称臣。纳土称臣，是钱俶不愿意的，毕竟这是祖辈留下的基业，况且，纳土称臣，还有何脸面去见九泉之下的列祖列宗？

一天，苦闷之中的钱俶散步到了祖父钱缪的书房，看到书房墙壁上挂着的那幅西湖山水图，就见上面写有一首诗：

牙城旧址扩篱蕃，
留得西湖翠浪翻。
有国百年心愿足，
祚无千载是名言。

钱俶看着，联想起了这首诗、这幅画的故事：祖父钱缪想在凤凰山上扩建他的办公用房，一个看风水的道士跟他讲，如果你在凤凰山上扩建房屋的话，你的基业只能是一百年；如果你把西湖填平，在上面建造房屋的话，你的基业将是一千年。

钱缪则认为，历史上哪有千年的王朝？最长不过周王朝，也才八百载而已。吴越国如果有一百年，足矣！况且即使有千年王国，而把西湖填平，水源失去，杭州的老百姓靠什么生活呢？

后来有人写诗赞颂吴越王钱缪的开明，并把诗题在西湖山水画上，送给了钱缪。

想到这，钱俶豁然开朗，他终于明白祖父的话了。要什么千古江山，还是百姓重要！

就这样，千里锦绣江山，十一万带甲战士，钱俶全都进献给了北宋朝廷。杭州城避免了战争浩劫，可以继续安享和平与富足，而钱俶却必须要离开了，而这一离开，很可能就是不归路。

同时，钱俶也认识到，向佛之心，不在于修建多高多华丽的佛塔，而在于用慈悲之心对待天下生灵。此时，雷峰塔已经修建了五层。钱俶下令，改变以前建造十三层雷锋塔的决定，改建五层。从此之后，我们看到的雷峰塔，就是五层的了。

这座雷峰塔，就这样以其悲壮见证了吴越国王钱俶的个人悲剧，以及吴越国和杭州城免遭战乱的幸运。

公元 988 年的一天，钱俶六十岁生日时，赵光义赐寿酒一壶。当夜，钱俶身亡。

自第二次到达开封城，钱俶再也没能回到他魂牵梦萦的杭州城，见到他佛心修建的雷峰塔。

此后上千年，雷峰塔是坏了修，修了坏，命途多舛。

北宋末年，起义军攻陷杭州，烧毁雷峰塔。

南宋，重新整修雷峰塔。

明朝嘉靖年间，倭寇攻入杭州，烧毁了雷峰塔。

明末以后，白蛇传的故事在民间广为流传。善良痴情的白蛇被法海镇压在雷峰塔下，除非雷峰塔倒，西湖水干，白蛇是不能被解救出来的。也许是为了同情白娘子，民间开始传说，雷峰塔的砖块沾了白娘子的灵气，可以驱邪免灾，于是不少人纷纷到雷峰塔盗砖自用。

1924 年，雷峰塔轰然倒地。为此，鲁迅先生专门写了一篇《记雷峰塔的倒掉》的文章，以颂扬千古爱情，鞭挞多管闲事的和尚法海。

人类进入 21 世纪，考古队对倒塌的雷峰塔遗址进行整理挖掘。当人们打开塔下的地宫后，发现里面有一个宝盒。宝盒的四周，用繁复的图案雕刻着佛祖苦修成佛的故事。其中，有一个“尸毗王割肉喂鹰”的故事特别引人注目。讲的是一只老鹰紧追一只鸽子，要吃掉它。鸽子向尸毗王求救。尸毗王说：“我曾立志要普救天下生灵，如今鸽子向我求救，我不能不解救它。”鹰说：“我也是天下生灵。如果不吃鸽子，我就会饿死。那怎么办呢？”尸毗王为了解救被老鹰追的鸽子，于是从身上割下同等重量的肉，给鹰吃掉。

这时，人们才明白：一千多年前吴越王纳土归宋，保全百姓免遭战乱之苦，和尸毗王割肉喂鹰的慈悲心，是多么地相似！

中国五千年的历史，称颂的多是英明帝王的开疆拓土征战讨伐，很少称颂这样为民舍弃江山的人性故事。读着钱俶的故事，真正让我感到心存热度，倍感温暖。

趣读秘笈

结合了解人文古迹的来龙去脉读史，是学习历史的好方法。

旅游，人们都感兴趣；旅游景点，人们更感兴趣。通过对旅游景点、人文古迹演变的了解考察，能学到鲜活的历史。